책방이 싫어질 때

태재

앞에서는 웃었지만
뒤에서는 째려보던
책방직원의 뒤끝 에세이

***2020년에 썼던 작가소개**

저는 그냥, 설거지할 때 부엌 창문으로 드나드는 바람만 있으면 만족해요. 방충망이 있으면 바람은 더 자세하게 들어오죠. 그런 바람처럼 책방을 다니고 있어요. 하루하루, 송골송골.

***2024년에 쓰는 작가소개**

내 나이 서른넷

남들 있을 때는 아이스크림을 베어먹고

혼자 있을 때는 돌돌돌 빨아먹어요.

스토리지북앤필름 근무(2018.07.01 ~ 2022.12.01)

"기택아, 책방에 자리 있어. 힘들면 와."

눈빛을 잃어가던 스물아홉의 나를

햇살이 비치는 책방으로 불러준

강영규 사장님께 감사드리며

이에 더해

작은 책방을 사랑하고 사랑했을

모두를 반가워하며

들어가며

　　　　　스토리지북앤필름의 문을 처음 열었을 당시 나는 단지 스물다섯 살의 대학생이었다. 그리고 이 책을 처음 쓰고 펴냈던 때가 서른한 살, 책방을 드나든 지 6년째 되던 시점이었다. 그 6년 동안 나는 한 번의 졸업과 세 번의 퇴사를 했고 아홉 번의 이사를 했다. 경기도 안산에서 서울로, 서울에서는 관악구, 관악구, 관악구, 중구에서 살았다가 고향인 부산에도 내려갔다가 다시 서울로 와서 성동구, 용산구. 그리고 이 책을 출간했던 당시에는 경기도 고양시에서 지냈다. 야옹. 나 이 녀석, 꾸준했구나? 방황에 말이야.

지금이야 20대 때보다 여유가 생겨 새로운 곳에 가보고 싶다는 탐방 욕구 같은 것도 생겼지만 20대 때는 아니었다. 사람의 일생을 봄여름가을겨울로 본다면 그때 나의 시기는 여름이었으나 빈곤했고, 선선한 바람이 불어와도 쌀쌀맞게 굴곤 했다. 새로운 곳을 살펴볼 여유도 그 여유에 대한 희망도 없었기에 나는 그저 어디에 속하더라도 '여기도 숨 막힐 뿐이네.' 하고 벗어나기 바빴다. 누군가 나에게 특별한 앙심을 품고 나를 옥죄거나 내 동선을 제한한 건 아니었지만 나는 벗어날 때마다 해방감을 느끼기도 했다. 물론 그 해방감도 얼마 가진 못했지만. 마치 짧은 터널이 연속되는 고속도로처럼, 터널을 나왔지만 금세 또 터널이 보였달까?

어두운 터널 속에서는 거울을 봐도 내 얼굴이 보이지 않았지만, 잠시 터널 밖으로 나왔을 때 거울을 보면 내 얼굴은 환하게 보였다. 그러나 그저 환하게만 보일 뿐 생기라고는 없었다. 다들 알다시피 생활에 만족하면 즐거워지고 그 즐거움은 눈과 귀와 코와 입을 끌어올려 꼬리를 만드는데, 내 얼굴에 있던 꼬리들이 보이지 않았다. 작은 일이 아니었다. 어떻게 다시 끌어올리지? 어디부터 끌어올리지? 언제부터 내려간 거지? (지금 와서 다시 본다면 앞의 세 문장을 물음표로 마쳤다는 사실이 희망이었던 것 같다. 말끝이라도 끌어올렸으니?)

눈. 나를 아는 사람들은 내가 말이 많아서 입이 발달한 줄 알지만 사실 나는 얼굴 중에 눈이 가장 발달했다. 내가 하는 말들도 안 보고 말하는 게 아니라 다 보고 말하는 것이다. 쉽게 말해 나는 눈썰미가 좋다는 말이고 다행인지 불행인지 이것 하나는 타고났다는 말이다. 이 눈썰미로 사람과 사물의 특징을 쉽게 찾아내고 쉽게 판단하는 게 가능했다. 이 장점을 곱게 썼어야 하는데. 20대 때는 그렇지 못했다. 나는 나와 같은 공간에서 지내는 사람들을 일반화하기 바빴다. 이런 경우는 다 이래, 그건 전부 그래, 저런 애들은 늘 저래.

이다지도 다양한 세상에서 일반화를 해버린다는 것, 그것의 가장 나쁜 점은 기대가 들어올 자리에 예상이 들어와 버린다는 것이다. 심지어 새치기로. 그렇게 되면 급기야 주변의 모습들이 지긋지긋해지고 '저 사람처럼 되면 어떡하지?', '여기 있다 보면 나도 저런 꼴이 되겠지?' 하며 누가 주지도 않은 스트레스를 적극적으로 받곤 했다. 그러고는 그 꼴이 보기 싫다며 방황을 시작하는 식이었다. 실은 그 꼴을 보는 내 꼴이 싫었어야 했는데. 그때는 몰랐다.

 내가 짧고 굵은 방황을 할 때마다 어김없이 갔던 나름의 성지(?)가 있었는데, 그곳은 바로 해방촌에 자리한 스토리지북앤필름이었다. 성지로 가는 길을 순례길이라고들 하니 그 표현을 빌려본다면 나의 순례길은 책방이라기보다는 사장님이었겠다. 언제였더라, 사장님을 찾아가 "사장님! 사장님은 책방 계속할 것 같아요? 좋아요? 할 만해요?" 따위의 질문을 해댄 적이 있었다. 그리고 사장님은 아이스 아메리카노에 꽂힌 빨대를 쪽 빨면서 "응? 못 들었네? 뭐라고 했어? 오늘 햇살이 쌍당히 좋구먼~" 하고 대답할 뿐이었다. 음. 아마 많은 사람이 사장님의 대답에 좀처럼 영혼이 없다는 것에 동의할 것이다. 그래도 자신의 삶과 친구들의 삶에 쌍당히 진심인 사람이다. 그러다 커피를 다시 한 입 쪽 빨더니 하는 말.

"기택아. 책방에 자리 있어. 힘들면 와."

그 말은 며칠 동안 나의 방황처럼 꾸준히 귓가를 맴돌았고, 얼마 후 세 번째 퇴사를 앞두고 사장님에게 전화를 걸었다.

"사장님, 책방에 자리 있다는 말 아직 유효해요?"

사장님은 고민도 없이 "그럼그럼~*"이라고 대답했고, 바로 다음 달인 2018년 8월 1일, 나의 책방생활이 시작되었다. 태어나 처음으로 1년을 넘긴 일터이자 결과적으로 4년 4개월을 다닌 곳. 물론 일주일에 고작 사나흘 일하고 근무시간은 오후 1시부터 7시까지라 업무 시간의 총량을 따지자면 일반 회사의 4분의 1 정도로 봐야 하겠지만, 나로서는 학교를 제외하면 같은 곳을 3년 넘게 다닌 곳이 처음이다. 나는 가끔 이 사건(?)을 생각하며 스스로 대견해하고 나의 가족들은 사장님께 깊은 감사를 드리고 있다. 아, 지금 이 자리를 잡기까지 얼마나 꾸준히 방황했던가!

*우리 사장님은 말을 할 때 같은 단어를 반복해서 얘기하는 습관이 있는데 이것은 뒤에 따로 다루겠다.

조금 더 들어가며

책방 일이라고 해서 기대만 가득한 건 아니었다. 일이 적응되고 나니 마찬가지였다. 그리고, 이 마찬가지라는 표현 또한 일반화의 표현이겠다. 어느 공간이든 마찬가지겠지간 책방도 공간의 특성상 발생할 수 있는 상황은 몇 가지로 정해져 있었고 그 상황은 반복되기 시작했다. 다양한 사람들이 왔다가 갔지만 내가 듣는 말의 카테고리는 비슷했다. 뻔한 상황과 뻔한 말들. 아니, 뻔해진 상황과 뻔해진 말들. 사람들은 말과 기분을 남기고 가버리면 그만이었다. 나가는 사람은 그걸로 끝이지만 책방에 남아야 하는 나로서는 그 말들을 곱씹으며 '왜 말을 저렇게 하지?' 하며 계속 불쾌해하는 일에 힘을 쓰게 되었다.

책방 일을 계속한다면 반복될 상황이었다. 기대가 들어올 자리에 자꾸 예상이 들어오고 있었다. 그러나 이 예상은 내가 어딜 가나 새치기했던 감정이었고, 나는 지겨워졌다. 책방에서 반복되는 상황이 아니라, 어딜 가나 지겨워하는 나의 지겨움이 지겨워졌다. 환경이나 사람이 바뀔 때마다 매번 지긋지긋함을 느낀다면, 이것은 외부의 문제가 아니라 기본적으로 내 인성의, 내 성정의, 내 재질의 문제라는 지점에 이르렀다. 나는 지긋지긋함을 느끼는, 딱딱하게 뭉친 나의 관성을 주무르고 싶었다. 오랜만에 하고 싶은 일이 생긴 순간이었다.

그러던 어느 날, "여기 완전 보물 창고 같아! 찾는 재미가 있네!"라는 말이 내 귀에 들어왔다. 내 귀를 쫑긋 끌어올리는, 예상과 기대를 모두 벗어나는 말이었다. 그 말을 듣고 내 머릿속에는 '그래 이렇게도 말할 수가 있겠구나? 문장 자체가 다르구나? 그러고 보니 아까 그 사람도 말을 똑같이 한 건 아니었지.' 하며 말풍선들이 불어 올랐다. 같은 상황이라도 다른 사람이 다른 문장으로 말한다는 사실을 그때서야 제대로 알게 되었다.

그 후로 새로운 말이 들리면 일단 다 받아쓰기 시작했다. 받아쓰기 전에는 그 말들이 바로 내 귀를 통해 몸속으로 들어와 말릴 틈도 없이 기분이 되었는데, 받아쓰고 나니까 다른 사람의 말 한마디한마디가 내 생활의 글감이 되었다. 그 글감을 사용할지 버릴지는 나중에 글을 쓰고 또 다듬으면서 직접 결정할 수 있었다. 동시에 내 기분도 내가 결정할 수 있었고.

　듣고 좋아지는 말은 끄덕끄덕 받아쓰고 듣고 싫어지는 말은 절레절레 받아쓴다. 받아쓰기 자체로는 100점이다. 채점은 내가 한다. 남들이 무심코 한 말을 유심히 살펴본다. 저 말은 내 생활에 쓸모가 있는가. 쓸모 있다고 판단되면 이어쓰기를 시작한다. 내 쓰기의 목적지는, 씩씩한 나. 더 이상 남의 말을 통해 주눅 들거나 기분 상하지 않고 내가 나의 기분을 결정하기 위해서. 주체적인 생활을 위해서. 그래서 오늘도 받아쓴다. 그래서 오늘도 귀를 열어둔다.

목차

들어가며

조금 더 들어가며

1. 자기야 여기 무인책방인가 봐	25
2. 어우 오르막디질뻔했네	32
3. 어머, 이런 구멍가게에서요?	39
4. 책 냄새 너무 좋다	46
5. 잡아드릴까요?	52
6. 여기 안에 봐도 돼요?	58
7. 다 듣고 있는 거 아니야?	62
8. 이렇게 작은 책은 처음 봐	69
9. 다 받아주는 거 아니에요?	73
10. 지금 좋다! 지성인 같아!	81
11. 책방이 싫어질 때	87
12. 쪼꼬만데 왜 비싸요?	93
13. 스탬프는 됐고 할인은 안 돼요?	98

14. 그럼 어디다 둬요?   103

15. 스몰포켓 음질이 너무 안 좋아요   108

16. 그건 어떤 책이야?   113

17. 간사합니다   117

18. 어머 이게 얼마 만이야   121

19. 사장님 맞으시죠?   127

20. 혹시 사장님은 어디 가셨나요?   133

21. 어? 얼굴이 왜 이렇게 안 좋아?   139

22. 이유를 찾지를 말아라   143

23. 별꼴이네?   147

24. 전업주부 아직도 하고 싶으세요?   151

25. 여기 서가 구성의 기준이 있나요?   156

26. 책방 일을 마감하기 2주 전   161

나오며   164

1.
자기야 여기 무인책방인가 봐

　

우리 책방은 따로 쉬는 날 없이 연중 무휴로 열고 요일마다 일하는 사람이 정해져 있다. 그리고 일하는 사람의 일정에 따라 아주 유연하게 요일 변경이 가능하다. 내가 다른 바쁜 일이 생기면 동료의 시간을 조금 빌려오고, 반대로 동료가 바쁜 일이 생기면 내가 내 시간을 조금 빌려주는 훈훈한 방식이다. 나는 주로 평일에 출근하는데, 평일 오후에는 손님들도 다들 각자의 일을 할 테니 주말보다 손님이 적은 편이다. 그래서 책방 안에 손님이 있는 시간보다 아무도 없는 시간이 더 긴 날도 있다. 참, 내가 있으니까 아무도 없는 건 아니지. 다만 손님 입장에서는 일하는 사람 없이 운영되는 무인책방으로 보일 수도 있을 것이다.

우리 책방은 문을 열고 들어왔을 때 사람이 바로 보이는 구조는 아니다. 계산대가 있기야 하지만 계산'대'라는 이름이 무색하게 앞으로 나와 있지 않고 골방처럼 움푹 들어가 있다. 책방 자체는 북향에 전면 창이 넓어서 담담한 햇살이 비치면서 소담한 느낌이 있지만, 내가 일하는 자리는 벽으로 움푹 들어간 탓에 형광등을 켜지 않으면 온종일 흐리고 어둡다. 대신 외부온도의 영향이 덜해서 더울 때 별로 덥지도 않고 추울 때 별로 춥지도 않다. 아담한 공간이지만 냉장고도 있고 싱크대도 책상도 있다. 전쟁 통에 딱 숨기 좋은 공간이다. 라고 써버렸는데 군대는 갔다 왔지만 전쟁을 겪어보진 않아서 논리가 떨어지는 표현이고, 논리가 떨어진 김에 아무렇게나 더 써보자면 혹시 전쟁이 터진다면 나는 여기에 숨고 싶다. 한편으로는 홍콩영화 느낌도 살짝 난다. 몰래몰래 무기거래가 이루어지는 그런 곳 말이다. 라고 써버렸는데 홍콩도 못 가봤고 무기거래도 해본 적이 없어서 양심의 가책을 동반하는 표현이고, 양심의 가책을 느낀 김에 조금 더 진실하게 써보자면 무기까지는 아니고 총알 정도는 팔 것 같은 그런 협소한 공간이다. 또 한편으로는… 아무튼 이 공간을 편의상 '굴'이라고 부르겠다.

손님이 책방 문을 열고 들어오면 정면에 굴이 보이고, 그 굴은 천(fabric)으로 가려져 있다. 그리고 그 천 뒤에는 사람이 한 명 보일 수도 있는데 아마도 직원이고 안경 낀 훈남이라면 반드시 나일 것이다. 호호호. 천으로 가려져 있지만 사람이 보일 수도 있다고 표현한 이유는 천이 굴의 입구를 완전히 다 가리지는 않았고 약간의 틈이 있기 때문이다. 책방 문이 열리는 소리가 들리면 나는 그 틈으로 힐끗 손님의 모습을 엿보고, 이분이 빈손으로 가실 분인지, 책방에 오래 계실 분인지, 따로 찾는 책이 있는 분인지, 대충 사진 찍으러 온 분인지 등등을 간파하곤 한다. 눈썰미가 아주아주 발달한 나는 싹! 봐도 빡! 알아차리는 것이다. 여기서 포인트는 손님의 입장에서는 책방직원이 자신을 봤는지 안 봤는지도 모른다는 것이고, 또 한 가지 포인트는 내가 다 간파했다고 판단하면서 나의 교만함까지 발달시킨다는 것이다. 우선 한 커플의 이야기를 꺼내볼까 한다.

"자기야~ 여기 무인책방인가 봐!"
"와 진짜? 그럼 우리 둘밖에 없는 거네?"

여기까지 듣고서는 뭔가 대화의 흐름이 "그럼 책 훔쳐 가도 모르겠네?"로 갈 줄 알았다. 그러나 나는 참으로 교만했다. 곧바로 뽀뽀소리가 쪽쪽 들리기 시작했고 책방은 어느새 둘만의 공간으로 변모해 버렸다(뽀뽀와 쪽쪽은 그 음절마저 된소리로 짝지어져 있구나!)! 두 사람은 이 공간에 다른 사람이 있는지 없는지 재차 확인하는 동작을 취했는데, 다행히도(?) 나는 발견되지 않았고 그들은 뽀뽀를 멈추고 키스를 하기 시작했다(키스의 음절은 숨소리와 된소리의 결합이구나!)! 사람이 없는 줄 알고 하는 키스였지만 사람이 있다고 해서 말릴 수 있을법한 키스도 아니었다. 실로 무인지경이었다.

두 사람의 애정놀음이 다른 손님들에게 불편을 주었다면 그 혀들을 뜯어말렸을 텐데, 불편을 받을 손님도 없었고 나로서도 내가 하는 키스 말고는 소리를 듣는 일도 처음이어서 불편하다기보다는 신통방통할 따름이었다. 그래서 그냥 그들이 둘만의 호흡을 향유할 수 있도록 내 세상을 숨죽여주었다. 때는 독서의 계절 가을이었지만 계절을 다시 여름으로 돌릴 수 있을 정도의 핫하디핫한 키스를 끝낸 그들의 다음 동작은 백허그였다. 그들은 백허그를 한 채로 각자의 책을 읽기 시작했다. 그러니까 자세로만 보자면 팔이 4개인 한 사람이 팔 2개당 책을 한 권씩 들고 있는 모양새였다. 아! 독서의 계절이여.

그때 마침 우체부 선생님이 들어오셨다. 책방에 매일 오시는 우체부 선생님은 내가 천 뒤에 있다는 사실을 알고 있기 때문에 여느 때처럼 책방 문을 열고 "수고하십니다~! 여기 놓고 갈게요~"라고 말하신 후 그대로 나가셨다. 우체부 선생님은 바쁘디 바빠서 백허그를 한 채 책 읽는 두 사람을 못 보셨지만 아마 보셨다고 해도 한 사람인 줄 알았을 것이다. 우체부 선생님이 나가신 후에는 두 사람도 이곳이 무인책방이 아니란 사실이 무안했는지 백허그를 풀고 각자의 책을 읽었다.

사랑을 나누러 온 커플은 대개 책을 사지 않고 나가는데, 이 커플은 그래도 두 명이 한 권은 사 갔다. 사랑도 나누고 책도 나누겠다는 꿍꿍이인가. 마침 그 한 권이 내가 쓴 책이어서 나는 천을 들치고 "사실 이 책은 제가 쓴 책인데요, 괜찮으시면 서명해 드릴까요?"라고 너스레를 떨었다. 허나 아쉽게도 커플은 키스를 들킨 일이 민망했는지 아니면 서로 말고 다른 사람에게는 관심이 없는지 "아, 작가시구나. 괜찮아요."라며 내 서명을 사양했다. 아쉬워라. 허락만 해주셨으면 나도 책에 뽀뽀해 드리려고 했는데! 호호호!

2.
어우오르막디질뻔했네

　　　　서울특별시 용산구 신흥로 115-1번지 1층. 길이름은 신흥로지만 실제 입에 오르내리는 이름은 해방촌이다. 게다가 이름만 오르내리는 게 아니라 실제 도로도 오르내린다. 해방촌은 평평한 길이 없이 거의 모든 길이 언덕이라고 보면 되는데, 우리 책방도 예외는 아니다. 대신에 연두색 마을버스가 다니는 길목이라 그나마 다행이라 할 수 있겠다. 이 언덕배기에 골목 안으로까지 들어가 있었다면 아마 책방은 내가 일하러 오기 전에 벌써 문 닫았을지도 모를 일이다. 그나마 평지라면 골목 안으로 들어가도 괜찮겠지만 언덕이라면 적어도 길목에는 자리해서 마을버스의 시선에 걸릴 정도는 되어야 하고, 그러면서 마을버스로 동네를 오가는 사람들이 차창 밖으로 '저 가게는 뭐려나? 가게는 맞으려나' 싶은 생각을 살짝이라도 하게끔 해야 한다는 것. 이것이 4년 경력의 책방직원이 생각하는 책방입지의 하한선이랄까. 물론 이것은 어디까지나 지금의 내 생각이라 버스 노선이 바뀌고 우리 책방 앞을 지나가지 않는다면 그때는 나도 말을 바꿀 예정이다.

내가 처음 책방의 문고리를 잡았던 때가 대학시절이었으니 그동안 이 문고리를 돌린 횟수가 몇 번이나 될까. 잘은 몰라도 '책방 문 제일 많이 연 사람'을 선정한다면 아마 다섯 손가락 안에는 들지 않을까 싶다. 책방 문이야 한 손으로 잡고 살짝

돌리면 열리니까 만만하지만, 책방에 오는 길만큼은 만만치 않다. 그동안 도보 전철 마을버스 택시 스쿠터 자동차 등 여러 방법으로 와본 결과, 연두색 02번 마을버스가 가장 수월하다. 차로 오면 주차할 곳을 어렵게 구해야 하고 주차한 후에도 어차피 걸어와야 한다. 스쿠터로 온다면 빽빽하고 굽이진 길도 모자라 급경사까지 있어서 오는 내내 긴장해야 한다. 실제로 책방 앞 언덕에서 오토바이와 오토바이 운전자가 각각 따로 미끄러져 내려가는 모습을 본 적도 있다. 택시를 타면 1차선 도로이기 때문에 책방 앞에서 바로 내리기보다 조금의 공간이 확보된 곳을 잘 찾아야 한다. 그렇지 않으면 뒤에서 빵빵거리고 맞은 편에서도 손가락질하고 난리도 아닐 것이다. 걸어서 오는 일은 철저한 오르막이라는 처절한 이유 하나로 땀이 뻘뻘 날 수가 있다. 물론 내리막으로 와도 되겠지만 등산보다 하산이 힘든 것처럼 내리막이 더 힘들 수도 있다. 오르막도 힘들고 내리막도 힘들다니. 이럴 때 겹경사란 말을 쓰는 건가? 호호호.

    같이 여행을 가게 되면 그 사람의 진면모를 알 수 있다는 말도 있고, 평생을 함께하고 싶은 사람이 생기면 함께 산에 가보라는 말도 있다. 그런 오래된 숙어들이 고루하게 느껴진다면, 그냥 한번 책방에 걸어서 와보시기를 추천한다. 6호선 녹사평역에서 출발하는 코스가 있고 4호선 숙대입구역에서 출발하는 코스가 있다. 나의 이 진지한 농담을 곧이곧대로 받아들일 생각이라면 이왕 오르는 길, 책방을 베이스캠프 삼아 남산까지 올라가보는 것도 괜찮겠다. 자연을 거닐며 지금 옆에 있는 사람을 자연스럽게 잃고 1인 가구가 될 수 있는 절호의 기회다. 그러니 책방에 오실 때는 부디 제발 완전 필시 용산02번 마을버스를 타고 신흥교회앞 정거장에 내리시기를 바란다. 그렇지 않으면 이제 소개할 손님처럼 될 수도 있으니까.

"어우오르막디질뻔했네!!!"

당시 나는 매대에서 흩어진 책들을 바로잡아 주고 있었는데 책방 문이 열리기도 전에 손님의 말이 먼저 책방으로 들어온 느낌이었다. 말을 하셨으니 그 말을 듣는 동행이 있는 줄 알았는데 손님은 혼자였다. 나는 '나 들으라고 한 말인가? 고등학생 같은데? 반말인데?' 싶어서 영어듣기평가처럼 뭘로 찍을까 골똘해져 버렸다. 그 와중에 한 사람이 더 들어왔는데 그분은 "어우디지겠다!"라고 말하며 책방 문을 열었다. 이런, 한 문제의 답을 찍기도 전에 다음 문제가 나오다니.

나는 두 사람의 한마디씩만을 들었지만 이들의 언어체계가 같다는 것을 간파할 수 있었다. 언어체계가 같다는 것, 너도 편하고 나도 편하니 이것이야말로 겹경사가 아닌가! 혹시 주변에 나의 언어와 같은 체계를 가진 친구가 있다면 절대 잃지 않기를 바란다. 무릇 삶이란 것은 때때로 나 자신을 성찰할 줄도 알아야 하는데, 나 스스로 성찰하는 일보다 나 같은 사람을 보고 성찰하는 일이 편하다. 내가 싫어하는 사람을 미세하게 보면 나와 비슷한 부분이 먼지처럼 있기 마련이니까. 나는 내가 이 언덕을 만든 건 아니었지만 두 사람이나 디질뻔했다고 하니까 괜히 눈치가 보였다. 게다가 쪽수도 딸리는 관계로 잠자코 굴속으로 들어가 두 분이 편하게 숨을 고르고 책을 고를 때까지 기다렸다. 그리고 두 분이 계산을 위해 굴 앞에 섰을 때에야 조심스레 말을 걸었다.

"저희 책방이 너무 언덕에 있죠?"
"네~~~ 다시는 못 올 것 같아요!!!"

오, 이들이 현존하는 Z세대라는 것인가! 나는 이 땅을 먼저 밟은 밀레니얼 세대로서 뭔가 글로

벌하면서도 정확한 솔루션을 제공하고 싶었으나 두 분의 씩씩함에 주춤하고 말았다. 주춤하면 이미 진 거다. (그런데 지는 게 이기는 거다? 우리 때는 그렇게 배웠다?) 뭐, 대답 자체는 주춤했지만 나는 이들의 씩씩하고 가분한 맥박과 그 기운이 책방에도 전해진 느낌을 받아서, 이들이 다시 또 오기를 바라는 마음으로 책을 담으며 이렇게 대답했다.

"그래도 이 책 사시는 분들은 좋은 분들이어서 또 오시더라고요. 다음번에는 꼭 마을버스 타고 오세요. 가실 때는 저기 아래 보이는 길로 가시면 좋아요. 이제 곧 노을이 질 텐데 진짜 예쁠 거예요. 꼭 보고 가세요."

3.
어머, 이런 구멍가게에서요?

　　　　　이따금 "요즘 서점 일은 어때?"라는 질문을 받곤 한다. 그러면 나는 '서점 일? 우리 책방이 서점인가?' 하고 갸우뚱했다가 '책을 파는 상점이니까 서점이라고 해도 되긴 되지' 하고 끄덕끄덕한다. 하지만 우리 책방은 서점보다는 책방에 가까운데, 적확한 분류법이 있는 것은 아니고 서점이라고 하면 왠지 이름이 음음문고나 음음도서여야 할 것 같고, 도심 속 빌딩 안에 한 층을 담당하는 공간이어야 할 것 같고, 베스트셀러나 학습지 코너가 따로 있어야 할 것 같아서다. 실제로 "거기 서점에 학습지도 팔아요?"라는 전화 문의도 많이 받는다. 그런 이유로 우리 책방을 서점이라 부르기에 어색함이 있다. 마치 길에서 지갑을 흘린 학생을 부를 때 "저기 학생~"이라 하지 않고 "저기 청소년~"이라 부르는 것 같달까?

우리 책방의 면적은 5평이다. 5평이면 실제 넓이도 방이랑 비슷하기 때문에 더더욱 책방이 더 어울린다. 찾아보면 책방 근처의 다른 가게들도 이름에 [-방]이 붙는 가게가 꽤 있다. 긍방, 다방, PC방, PC방, PC방…이 있겠다. 별로 없구나? 그렇다면 우리 책방 주변의 작은 가게들을 살펴보자. 호프집. 디저트. 이자카야. 칼국숫집. 중국집. 돈가스집. 분식집. 꽃집. 약국. 카페. 철물점. 열쇠집. 부동산. 어묵집. 노가리. 슈퍼. 과일가게. 수산물… 이런 식으로 밥 먹고 천천히 세다 보면 백 곳을 채울 것 같은데, 백 곳을 채운다면 이 동네를 하나의 백화점이라 봐도 무리가 없겠다. 음음.

프랜차이즈 매장이 제공하는 편안함도 좋지만 저력 있는 작은 가게가 가진 저력을 더 좋아한다. 이러한 나의 선호는 그 공간이 변화할 때 더 뚜렷해진다. 시즌이 바뀌고 변화가 필요할 때 체인점은 대대적인 체인지를 하지만 작은 가게는 다르다. 오가는 손님들 그리고 애태운 시간들로 그저 또 하나의 무늬를 더해갈 뿐이다. 나는 그런 주름살을 동경한다. 나라는 작가도 하나의 가게라면 그런 주름살이 새겨지기를 소망한다. 작은 가게는 사람들을 소비자나 구매자로 보기보다 한 사람 한 사람을 오고 가는 손님으로 대하고 서로서로 관계 맺는다. 브랜드와 퍼포먼스에 열광해 주는 팬도 좋지만 변화를 발견하고 귀띔하는 단골이 더 좋다.

손님을 대하는 일을 하다 보니 다른 공간의 화법에도 주의를 기울이게 된다. '우리 책방에도 접목시켜보면 어떨까?' 하는 마음으로. 이를테면 식당처럼 "금일 준비한 책을 모두 소진하여…"라든가, 호텔처럼 "혹시 예약자분 성함이 어떻게 되시죠?"라든가 하는 식으로 말이다. 아쉽게도 책을 모두 소진하는 일도 예약을 받는 일도 없는 공간이라 먼저 말을 건네볼 일은 거의 없다. 대신 여기저기거기에 빼곡빼곡빼곡히 자리한 수많은 책들이 대화를 기다리고 있다. 이 오래된 빼곡함이야말로 우리 책방의 시그니처 이미지라고 할 수 있다. 이 빼곡함 덕분에 손님으로부터 "혹시 여기는, 분류가 되어있는 건가요?" 혹은 "여기도 따로 코너가 정해져 있나요?"라는 질문을 받기도 한다. 그럴 때면 나는 굴에서 나와 "여기가 새로 들어온 친구들이고요." 혹은 "여기가 오래 머무른 책들이고요."라며 소개를 시작한다.

큰 서점의 쾌적한 분류를 편해하면서도, 작은 책방의 오래된 빼곡함을 편애한다. 조금 전 분명히 본 것 같은 책도 단숨에 보이지 않는. 숨겨놓지 않았으나 숨겨진. 계획의 어깨를 토닥이는. 물론 이것은 손님에게만 해당하는 이야기는 아니고 직원인 나에게도 해당하는 이야기다. 정리가 가능해서 속속들이 찾을 수 있다면 좋겠지만 쉽지 않을 때가 많다. 마지못하게 고유함에 대해 생각해 본다. 분류체계가 있는 공간은 흉내 낼 수도 있고 모방도 할 수 있을 텐데, 과연 누가 우리 책방을 따라 할 수 있을까?

한 번은 손님의 요청으로 책을 찾는데, 그 책이 내가 기억하는 자리에 없을 때가 있었다. 엇, 그 책이 팔린 기억이 없는데? 관리문서에도 재고가 아직 있다고 나와 있었다. 그런데도 찾아지지 않는 경우가 간혹 있는데, 그럴 때면 솔직하게 "오늘은 안 보이네요."라고 대답할 따름이다. 하루는 나도 답답해서 '이래도 안 나와? 이래도 안 나와?' 하는 심정으로 책방 곳곳을 휘젓고 있었는데 손님이 먼저 "저 그냥.. 다음에 살게요."라고 한 적도 있었다. 나는 이마에 북적북적 맺힌 땀을 닦으면서 "어우 안 나오네요. 누가 훔쳐 갔나 봐요!"라며 너스레를 떨기도 했다. 그러자 손님은 "어머, 이런 구멍가게에서 훔쳐 가는 사람도 있어요?"라고 한술 더 뜨셨다. 나는 "네…" 하고 대답하며 천을 헤치고 굴속으로 들어가 계산을 해드렸다. 손님이 나간 뒤에는 셰익스피어의 유명한 구절이 떠올랐다.

'이름이란 무엇일까? 장미를 다른 이름으로 불러도 아름다운 향기는 그대로인 걸…' 서적이든 책방이든 구멍가게든 이름은 중요하지 않다고. 어떻게 부르든 책을 찾기 힘들다는 사실도 변함없다고. 책방은 계속해서 좋은 책과 좋은 손님으로 빼곡하자고.

4.
책 냄새 너무 좋다

우리 책방은 문을 열자마자 빈티지한 냄새가 난다. 책들이 빼곡해서 그런지 많은 손님이 책 냄새로 인지하고 "오와~ 책 냄새 너무 좋다~" 하며 들어온다. 물론 책 냄새도 나겠지만 책방을 아우르는 냄새는 향 냄새다. 향 냄새도 책들만큼이나 오래오래 빼곡히 스며들어 있으며, 향을 피우는 일 또한 책방 일에 포함된다. 덕분에 나의 하루 틈에는 한 손에 향을 들고 다른 한 손에 불을 붙여 둘을 만나게 하는 순간도 있다.

책방 일 초창기에는 향이 늘 피워져 있고 그 향의 자취가 보여야 책방의 분위기를 형성하는 것만 같았다. 그래서 향이 타는 대로 또 피우고 또 피웠더니 책방에 들어오는 사람마다 콜록콜록을 했고 나는 향에 취해 몸이 느려지는 느낌이 좀 들기도 했다. 향을 피울 때는 창을 조금 열어두고 바람이 통해야 한다는 사실을 몰랐던 것이다. 요즘에는 하루에 많으면 하나만 피우는데, 책방 안으로 따스한 햇살이 스미고 5평 안에 가득히 퍼지는 향의 자취를 보고 있으면 고즈넉한 기분이 들고 나는 난데없이 시 한 수를 읊게 된다.

가만히 향을 보니
고향이 생각나네

내 고향 부산이라
내 이리도 부산스럽나

히히해

해호호

　싱거운 이야기를 해버렸으니 이제 간을 좀 쳐야겠다. 책방 일을 하면서 책방을 대표해 인터뷰를 한 적이 몇 번 있었다. 그럴 때마다 받게 되는 질문의 마무리는 주로 "스토리지북앤필름은 어떤 책방이 되고 싶나요?"였다. 이런 질문에는 책방의 비전이나 작은 포부를 담은 대답이 적절할 텐데, 나는 사장님을 통해 우리 책방이 어떤 책방이 되고 싶은지 직접 들어보거나 같이 나눠본 적이 없었다. 그래서 그런 질문을 받을 때마다 "글쎄요, 혹시 전화찬스 쓸 수 있을까요? 사장님한테 여쭤봐야 할 것 같은데요!"라고 말하고 싶은 심정이었다. 그도 그럴 것이 내가 사장님과 나누는 대화는 함께 알고 있는 주변 사람의 신변잡기 혹은 사장님이 즐겨보는 드라마 이야기 혹은 나의 짧았던 연

애 에피소드, 혹은 이따 저녁으로 뭘 먹을지에 관한 것들이 거의 전부기 때문이다. 나는 매번 준비된 이야기 없이 단지 눈을 크게 뜬 채 의식의 흐름대로 대답할 뿐이었다. 그리고 가끔은 그 의식의 흐름이 스무스할 때면 멋들어진 대답을 선보일 때도 있다.

"길을 제시하는 등대보다는 바다에서 방향을 잃고 표류 중인 배들에 물자를 전달하고 함께 나아가는 역할을 하고 싶어요. 방향을 제시하기보다는 각자의 방향으로 나아갈 수 있게 돕는 일을 책방으로서 지속하고 싶어요. 살면서 몰랐던 이야기를 알게 되는 곳. 작지만 요긴한 발견을 할 수 있는 곳. 그리하여 또 다른 이야기가, 자신의 이야기도 꺼낼 용기가 움트는 곳이기를 바랍니다."

어디로 가야 하는지 알려주는 역할은 우리도

못 한다. 우리도 어디로 갈지 모른 채 흐르고 있으니까. 대신 어디로든 원하는 방향이 있다면 그쪽으로 가보면 된다고, 아직 원하는 방향이 없다면 갈 수 있는 방향을 찾아보자고 말할 수는 있겠다. 모든 사람이 언제나 목표를 두고 살아가야 할까? 모르겠다. 목표가 없을 때는 표류할 줄 알면 되지 않을까? 정처 없이 흘러보는 시간을 가지는 것도 일종의 획득 아닐까? 배가 자리를 잡기 위해 닻을 내리듯, 흔들리고 떠도는 사람은 종이 위에 펜을 누른다. 그리고 책방은 그 표류의 기록들이 모이는 곳, 그리하여 수많은 표류의 단서들을 준비해 놓은 곳이다.

다른 사람들이 자기 자신을 잇기 위해 찍었던 반점과 온점, 그것을 단서로 나의 물음표와 아직 찍지 못한 점들을 둘러본다. 내 생활에 어떤 페이지가 펼쳐질지는 모르지만, 저마다 자신의 페이지를 채웠던 과정은 관람할 수 있다. 그 관람과 동시에 내가 흘러온 길들도 돌아보게 된다. 그렇게 돌아보면 내가 왔던 길들은 엉켜있고, 지금 내가 헤매는 이 길을 나보다 먼저 헤맨 사람을 발견할 수도 있다. 내가 똑바로 오려고 노력했던 이 길을 누군가는 가로질러 갔을 수 있고, 반대로 누군가 가로질러 갔던 길을 정방향인 줄 알고 또박또박 가게 될 수도 있다. 무엇보다 방향이야 어찌 되었든 가라앉지 않고 아직 떠 있는 채로 있다면, 마음속의 작은 불씨로 나만의 향을 피우기를 단념하지 않기를. 책방에 퍼지는 향도 늘 방향 없이 흩어지고 있는걸. 가끔은 그 사실을 알아채고 이렇게 말하는 사람도 있다.

"우와, 여기도 향 냄새 좋다. 책방마다 다른 향이 나네?"

5.
잡아드릴까요?

　　　　우리 책방을 그저 작은 책방이라고만 본다면 섭섭하다. 큰 서점과 비교하자면 앉아서 편하게 책 읽을 구역만 없을 뿐이지, 책 읽으면서 차도 한잔할 카페만 없을 뿐이지, 책 읽다가 마려울 때 갈 화장실만 없을 뿐이지, 엘리베이터만 없을 뿐이지, 회전문만 없을 뿐이지, 주차장만 없을 뿐이다. 역시 뭐든 늘어놓으면 변명처럼 보일 뿐인가. 자 그럼 이제 큰 서점에는 없고 우리 책방에만 있는 녀석들을 알려주겠다. 비밀로 하려다가

큰맘 먹고 공개한다. (이 책을 사주셔서 감사합니다. 사지 않고 읽으시는 중이라도 뭐, 괜찮습니다. 곧 사주실 거잖아요? 오예!)

우선 우리 책방의 대표적인 시설물로는 셔터가 있다. 큰 서점에도 셔터는 있지 않겠냐고? 하지만 거기는 자동이 아닐까? 우리는 수동이다! 그리고 나는 이 셔터 덕분에 소싯적 장래 희망도 이루게 되었다. 2014년 내놓았던 나의 첫 번째 책의 작가소개에 '장래 희망은 셔터맨'이라고 적어두었던 것이다. 발칙한 것. 요망한 것. 젊고 잘생기고 건강한 시절이 한때일 줄도 모르고 세상을 만만하게 봤던 까닭이다. 그러나 노력 없이 얻은 것들은 무력하게 사라질 뿐이거늘. 지금은 책방 일을 통해 장래 희망을 실현했기에 세상에 만만함을 보내기보다 감사함을 보낸다.

우리 책방보다도 오래된 이 셔터는 자신이 버텨온 세월과는 반대로 미운 네 살처럼 매일 삐뚤어진다. 한 번 만에 올려지는 법이 없다는 말이다. 대체로 뻑뻑하다. 셔터를 올려야 책방을 오픈할 수 있는 나는, 실제로는 메고 있던 가방을 벗을 뿐이지만 마음만은 세상에 짊어진 짐들을 다 풀어놓고 겸허한 스트레칭을 한다. 이 정도 했으면 오늘은 잘 올라갈 거야, 하며 비장하게 셔터를 올린다. 이때 셔터가 뻑-하고 걸리면 몸의 어느 한 곳은 꼭 결리고 만다. 셔터를 자동으로 바꾸든지 셔터를 아예 뽑아버리든지 하고 싶지만, 한편으로는 셔터가 자동화되면 아쉬울 것 같기도 하다. 마치 잘하는 백반집이 새 간판을 달게 된 일처럼 말이다. 맛은 그대로일지라도 멋이 달라진 탓에 그곳에 보내던 애틋함이 조금은 밍밍해지는 그런 일. 그래, 매일 다르게 올라가는 낡고 뻑뻑한 셔터가 우리 책방의 나이테겠다.

한편 우리 책방을 SNS로만 보다가 실제로 처음 방문한 손님은 셔터의 유무를 전혀 모를 수도 있다. 간혹 오픈 시간에 맞춰 책방에 오시는 분들이 있는데, 손님은 스마트폰 속 지도를 보면서 '지도상으로는 여기가 책방이 맞는데' 하며 책방 앞을 서성인다. 그럴 때 나는 셔터를 올리며 "혹시 책방 오셨나요?" 하고 묻는다. 손님이 보는 앞에서 뻑뻑한 셔터를 올리는 일은 꽤 쑥스러운데, 그 이유는 셔터를 올리는 내 겸허한 표정이 겸연쩍게도 셔터가 뻑- 걸린 적이 많아서다. 물론 그 장면 자체로는 요즘 시대에 보기 어려운 진풍경이었는지 손님은 "굉장한 수동이네요."라고 나긋한 감탄을 보내셨다. 사실 올려지는 셔터만 수동이지 올리는 나로서는 능동이기에 지금 생각해 보면 그 감탄은 나를 향했어야 한다.

셔터 다음으로 내세우고 싶은 책방의 시설물

은 사다리다. 사다리는 벽 책장 뒤에 자리하고 있어서 셔터만큼 알아채기가 어렵다. 층고가 높은 우리 책방은 천장 모서리에도 책장이 있는데, 그곳에 둔 재고를 꺼내야 할 때 사다리를 사용한다. 길게 쫙쫙 뽑은 후 벽에 기대서 사용하는 그런 늠름한 사다리는 아니고, 계단이 세 칸 정도만 있는 다소곳한 사다리다. 그래도 손님이 계실 때 그 사다리를 타고 올라가서 천장에 있는 책을 꺼낼 때면 세간의 주목을, 아니 세 칸의 주목을 받을 수 있다. 내가 사다리에 올라타려고 할 때 "잡아드릴까요?" 하고 다정한 물음을 보낸 분이 있었는데 고작 세 칸이라 민망해서 나도 그냥 "엇 괜찮아요, 다정하시네요~" 하며 다정한 대답을 보태기만 했다.

날이 갈수록 뻑뻑해지고, 날이 갈수록 더 힘이 든다. 지문인식도 모자라 얼굴까지 인식하는 스마트한 세상에서 책방을 열고 책을 꺼내는 일이 물리적으로 무리인 일이다. 그런데도 나는 이 일이 좋다. 힘이 들어서 좋다. 힘이 들어가면, 그러니까 힘들었던 일은 기억에 더 강하게 새겨진다는 사실을 자주 되새긴다. 철컥철컥 셔터. 척척척 사다리. 언젠가 검은머리가 파뿌리가 되었을 즈음에, 길을 걷다 우연히 셔터를 올리거나 내리는 모습을 본다면 나는 내 의지와 상관없이 우리 책방을 떠올리게 될 것이다. 그 어떤 사다리를 보게 되더라도 내가 책방에서 올라탔던 사다리와 그때를 지탱했던 감각을 떠올리게 될 것이다. 가만히 앉아서 처리한 수백수천 통의 메일은 기억나지 않을 것 같은데 말이다. 그렇다면 우리 책방의 셔터와 사다리는 단순한 시설물이 아니라 훗날 나의 이 시절을 환하게 소환할 은빛 시설물이라 할 수 있겠다.

6.
여기 안에 봐도 돼요?

집어 들었던 책을 다른 책 위에 두거나 뒤집어놓지 않고 다시 원래대로 두는 모습, 펼쳐 든 페이지 속으로 잠깐의 여행을 떠난 듯한 표정을 짓는 모습, 책방에 울려 퍼지는 노래를 따라 부르면서 흥얼거리는 모습. 책방에서 손님을 통해 볼 수 있는 아름다운 모습들이 여럿 있지만, 그중에서도 가장 아름다운 모습은 다름 아닌 구매다. 그리고 아름다운 모습은 쉽게 볼 수 없는 법. 그 모습을 보기까지는 약간의 관문이 있다.

계산을 하려면 일단 천 앞으로 오셔야 한다. 그다음은 아마 이런 생각이 들 것이다. '근데 여기 계산을 어떻게 하는지 모르겠네? 이 천 뒤에 사람이 있는 건가? 맞겠지?'라고 생각하며 천 앞에 서면, 매대 쪽 형광등에서 들어오던 빛이 가려져서 굴은 더욱 어두워진다. 굴 안에서 직원이 손을 삐죽 내밀면 손님 입장에서는 어둠의 소굴에서 검은 사제가 손을 내민 듯한 장면이어서 "어우 놀래라!" 하고 흠칫하신 분이 한둘이 아니다. 이제는 그 흠칫을 방지하기 위해서 천 아래로 손만 내밀지 않고 천을 들치며 "계산해 드릴까요?" 하고 먼저 묻는다.

반대로 굴 안에 있는 나를 흠칫하게 만드는 분들도 있다. 천을 오른손으로 휙 하고 들치는 분, 왼손으로 휙 하고 들치는 분, 오른손 백핸드로 왼쪽에서 들치는 분, 왼손 백핸드로 오른쪽에서 들치는 분, 두 손으로 천을 들어서 자기 목에 거는 분, 한국무용을 전공한 듯한 손짓으로 고즈넉하게 올리는 분까지. 한편, 천에는 손도 대지 않은 채 천과 문틀 사이로 굴속을 들여다보는 분들도 많다. 무릎을 굽히고 쪼그려 앉아 틈 사이로 나를 올려다본 분, 옆으로 빼꼼 고개를 보이신 분. 가장 창의적이고 똑똑했던 손님도 기억이 나는데 천 앞에 서서 "똑똑." 하고 말로만 노크하셨던 분이었다.

그런가 하면 말보다 몸이 앞서는 분들도 있다. 천을 들치면서 "여기 안에 봐도 돼요?"라고 물어온 분에게 나는 "이미 보고 계시는데요?" 하고 되물었다. 또 그런가 하면 천을 들치지 않고 손으로 책만 내밀어주시는 분들도 많다. 그중 한 분은 같이 온 친구에게 "야 이거 너무 웃긴 것 같지 않아? 계산하는 사람 얼굴을 못 보네? 크크."라고 말하기도 했었다. 음음, 이 천이 방음이 되는 천은 아닌데요. 저 다 들었어요~ 너무 웃기진 않지만 같이 웃어요, 호호호!

"여기 안에 있으면 답답하지 않으세요?" 하고 물어봐 주신 분도 있었다. 물론 많이 답답하다. 다만 이 천을 열고 나가도 답답함이 사라지진 않는다. 오래된 빼곡함이 매력이기도 하지만, 때로는 이 빼곡함이 새로운 숨을 불어넣지 못하게 하기도 한다. 그럴 때면 문을 활짝 열어두고 환기를 시킨다. 때로는 문을 열어두지 않아도 손님의 말 한 마디에 환기될 때도 있는데, 가장 환기되었던 말은 "혹시 여기가 키오스크인가요?"라는 말이었다. 구멍가게라든지 전당포 같다는 말을 들을 때도 있어서인지 "여기가 키오스크인가요?"라는 말은 어쩐지 있어 보이는 느낌이 들었다. 나는 천천히 천을 들어 올리고 열린 마음으로 "네, 키오스크 맞습니다."라고 대답하며, 손님의 아름다운 구매를 도와드렸다.

7.
다 듣고 있는 거 아니야?

책방에 들어오면 눈에 보이는 사람이 없기 때문에 사람들은 사적인 이야기도 편하게 나눈다. 책방직원이야 자신과 관계가 없는 여기서 일하는 사람이니까. 나는 그렇게 다 듣게 된다. 혼자 온 사람의 통화내용도, 여럿이 와서 섞는 뒷담화도. 어떤 말은 나도 다른 작은 가게에서 무심코 했었을 말이다. 내가 이 입장이 되어보니 일하는 사람한테는 다 들리는구나, 다 듣겠구나, 다 듣고 있구나 싶다.

"저기 안에서 다 듣고 있는 거 아니야?"

그래서 이런 말을 들을 때도 있지만 내가 손님들의 말을 자의적으로 도청하거나 엿들은 것은 아니다. 단지 내 두 귀를 닫지 못했고 그 말들이 내 귀에 들어오게 된 것이다. 말만 들리는 것은 아니고 소리까지도 다 들린다. 게다가 소리만 들리는 것은 아니고 어조까지 들린다. 확인받고 싶어서 하는 질문, 집중하고 있을 때 하는 대답, 왔다가 사진만 찍고 나갈 사람의 문 여는 소리, 찾는 책이 없지만 물어보기 주저하는 발걸음 같은 것들. 말과 소리는 저마다 다 다르고 내 귀에는 그것들이 다 쌓인다. 굴 안에서 나의 청각은 발달하고 있을까 소모되고 있을까. 모르겠다.

이 책에 이러쿵 저 책에 저러쿵 책에다가 뱉는 말들도 다 들린다. 종이가 아쉽네, 예쁜 쓰레기네,

이런 걸 돈 받고 팔아? 쉬운 소리일까 야쉬운 소리일까. 이것도 모르겠다. 자신에게 피해를 준 것도 아닌데 섣불리 점수를 매기는 말들. 점수보다는 박수를 보내면 좋겠는데. 심사를 하기보다는 신사가 되면 좋겠는데.

사는 대로 생각하게 되고 생각하는 대로 살게 된다고 한다. 세상일을 가만히 느끼기만 한다면 내 뜻대로 되는 일보다 그렇지 않은 일이 훨씬 많아서, 그것을 그대로 받아들이자면 부정적으로 변해가기 쉽다. 나도 그런 시절이 길었다. 내가 본 것을 본 대로 말하는데 왜? 사실을 말하는데 뭐? 왜 위선을 떠는 거야? 하면서 말이다. 지금 생각해 보면 그것은 남들의 위선이 아니라 그저 나의 탈선일 뿐이었다. 새롭게 보거나 달리 볼 의지가 없었던 것이다. 게을렀다. 게으르면 힘이 달리고 힘이 달리면 이쁜 말을 못한다. 그래서 말을 이쁘게 하는 사람은 부지런한 사람이며, 예쁘게 말할 힘을 부지런히 아껴두었다가 나누는 것이다. 말 한마디의 힘으로 사람과 상황을 도울 수 있고 우리의 힘을 모을 수도 있다.

하릴없는 사실이지만, 다른 사람 입에서 나오는 말을 내가 설정할 수가 없고 한 귀로 듣고 한 귀로 흘리고 싶지만 내 귀는 두 개다. 그래서 나는 또 한 가지 힘을 기른다. 걸러 듣는 힘을. 거른다는 것은 듣지 않는 게 아니라, 체를 거르는 일처럼 듣지만 흩어지게 하는 것이다. 나의 체는 받아쓰기. 또 들어오면? 계속 걸러야지, 또 받아써야지. 걸러야 챙길 수 있으니까. 그래서 말을 이쁘게 하는 부지런한 손님에게는 내가 더욱 이쁘게 말해서 책방에 또 오게 해야 한다. 많은 사람들이 오는 것도 좋지만 좋았던 사람이 계속 오는 게 더 좋다. 그런 사람이 또 오게, 그런 사람을 놓치지 않아야 한다. 그래서 나도 부지런히 말들을 챙겨놓는다.

 "혹시 버스 타는 곳이 어디예요?" 하고 묻는 손님을 위해 "아 어느 쪽으로 가세요? 그런데 버스가 방금 막 가서요. 지금은 추우니까 조금 있다 가시는 게 좋을 거예요. 제가 알려드릴게요."라는 말을, "곧 마감이시죠?" 하고 묻는 손님을 위해 "오늘은 저도 일이 좀 남아서 더 열어두려고요. 편하게 보세요."라는 말을.

8.
이렇게 작은 책은 처음 봐

"오 대박 이렇게 작은 책은 처음 봐!"

우리 책방은 작은 책방이고 작은 책방에 있는 것들은 대부분 작다. 가장 먼저, 직원인 내가 작다. 음… 됐고. 책들이 참 작다. 아, 지금부터 '작다'라고 쓰지 않고 '아담하다'라고 쓰겠다. 이따금 넓거나 두꺼운 책도 있기는 하다. 우리 책방에는 독립출판물이 많은데, 독립출판물 제작자는 싱어송라이터가 자기 노래를 직접 만드는 것처럼 자기 책을 직접 만든다. 책을 큼지막하게 만드는 사람은 아담하게 만드는 사람을 대단해하고, 아담하게 만드는 사람은 큼지막하게 만드는 사람을 대단해 한다. 그럼 나처럼 그 중간쯤을 만드는 사람은? 나는 양쪽을 다 대단해 하면서 표지에 내 얼굴을 갖다 박는다. 호호호.

한 사람이 만들어낼 수 있는 네모 한 권. 호기든 용기든 패기든 한 움큼을 쥐고서, 자신이 살고 또 겪었던 생활을 모으고 짜낸다. 일종의 착즙이랄까? 한 입 마시고서 '오호, 돈 주고 사 마시던 주스보다 조금 덜 단 것 같은데?' 하는 물음표가 뜨는 것도 자연스럽다. 그리고 '단맛보다 건강한 맛이 좋지!' 하는 느낌표도 자연스럽고. 같은 과일, 집에서 만들어 먹는 주스와 주스가게에서 사 먹는 주스, 당도는 같아도 단맛은 다를 수 있다. 그러고 보면 세상에 같은 과일은 하나도 없겠다. 종류가 같을 뿐이지 하나하나 다 다른 열매니까. 사람마다 줄거리가 다른 것처럼.

큰 서점에는 출판사에서 만든 책들이 주를 이룬다. 출판사란 어떤 종류의 회사이며 어떤 종류의 사람들이 모인 곳일까. 책에 필요한 각 요소의 전문가들이 모여있는 회사다. 편집자가 있고, 디자이너가 있고, 마케터가 있다. 그래서 그분들이 만든 책에는 오타가 적고, 때깔이 고우며, 책들은 큰 트럭을 타고 전국을 누빈다. 마치 혼자서 화장하는 게 아니라 메이크업을 받는 일과 같다. 말 그대로 make-up. 본판에다가 헤어하고 화장하고 동선 파악하고 대본 좀 받으면 유명한 사람이든 아니든, 대개 더 예뻐지고 더 멋져진다.

반면 작은 책방에 있는 책들은 무엇이며 어떤 사람이 만들까. 편집자의 역할도 디자이너의 역할도 마케팅의 역할도 다 한사람이 직접 해낸 독립출판물이 주를 이룬다. 물론 다 직접 할 필요는 없다. 출판사에서 전문가들을 고용하듯이 요소요소 다른 사람의 힘을 빌려올 수도 있다. 다시 말하자면 '다 직접 해야 한다' 보다 '전부 총괄해야 한다' 라고 할 수 있겠다. 살면서 뭔가를 총괄할 경험이 몇 번이나 될까? 그리고 그 총괄의 경험은 과연 '나무가 아니라 숲을 보라'는 격언에 대한 이해도를 높일까?

9.
다 받아주는 거 아니에요?

　　　　셔터를 올리고 들어와 실내등을 켠다. 캘린더를 오늘 날짜로 맞추고 스피커를 켠다. 음악을 틀고 책이 놓인 매대를 살핀다. 창고에 가서 택배로 입고된 상자를 가져온다. 그 상자를 뜯고 책을 배치한다. 이렇게 몸을 쓰는 큼지막한 업무들을 하고 나면, 그다음은 머리를 쓰는 나지막한 업무를 할 차례다.

　굴속으로 들어간다. 의자에 엉덩이를 붙이고

앉는다. 책방 메일로 접속한다. 광고메일도 있고 협업이나 인터뷰 요청에 관한 메일도 있다. 그중에 가장 많은 메일은 뭐니뭐니해도 입고 메일. 처음 일했던 2018년에는 하루에 5통 정도가 왔었다면 요즘은 하루에도 10통이 넘게 온다.

나날이 늘어나는 입고 메일을 보면서 '이제 책 만드는 사람이 정말 많구나' 하고 새삼 느끼게 된다. 몇 년 사이 독립출판이 많이 알려졌고 책 제작에 관한 수업들도 여기저기 생겨났다. 직접 책을 만드는 작업도 나름의 구조와 순서가 있기에 만들겠다고 마음만 먹으면 방법을 배워서 제작할 수 있다.

이 한 통의 입고 메일이 우리 책방에 오기까지를 생각해 본다. 한 명의 생활자가 몸소 살아낸 이야기를 글 혹은 그림 혹은 사진으로 기록한다. 그리고 그것들을 모아서 다듬는다. 인쇄하고 제본한다. 그 모든 과정을 무탈히 겪어낸 책 한 권이 입고 메일 한 통에 다시 담긴다. 어쩌면 메일 한 통의 승부. 그래서 책 만드는 일보다 입고 메일을 쓰는 일이 더 중요할 수도 있다.

입고 메일을 보낼 때, 자신의 책에 관한 내용을 첨부파일로 붙일 것이다. 그리고 메일을 열자마자 보이는 내용은 책 내용이 아니라 메일 내용이다. 책방 입장에서는 첨부파일을 보기 전에 메일 내용부터 읽는 것이다. 그런데 그 메일 내용이 책방 입장에서는 부담스러울 때가 있다. 가령, 책방 이름에 오타가 난다든지, 다른 책방 이름이 적혀있다든지, 텀블벅 링크를 통해 책 내용을 확인하라든지, 벌써 어디 신문에도 신간 소식이 실렸다든지 하면 부담스러워지곤 한다.

좋은 책을 '만들고 싶다'라는 마음은 제작자의 몫일 것이다. 그리고 책방의 몫은 좋은 책을 '소개하고 싶다'라는 마음이다. 좋은 책이란 건 무엇일까? 잘 팔리는 책? 오래 팔리는 책? 정해진 답은 없고 책방마다 내려놓은 답도 저마다 다를 것이다. 다만 제작자의 만들고픈 마음과 책방의 소개하고픈 마음이 맞물릴 때, 책은 필요했던 애독자를 얻고 책방은 필요했던 손님을 얻게 될 때. 그런 관계를 발생시키는 책이 좋은 책이라고 생각한다.

"평소 좋아하는 책방인 스토리지북앤필름에 입고 신청합니다."라고 운을 띄운 메일도 많은데, 읽어보면 '딱히 좋아하는 것 같지는 않은데…'라는 반응이 들 때도 많다. '좋아하는'의 방향을 생각해본다. 좋아하니까 잘해줄게, 잘해줄 거니까 받아줘 같은 일방적인 마음이라면 관계맺기가 부담스럽다. 굉장히 부끄럽지만, 나도 예전에 좋아하는 일 자체를 좋아해서 한창 고백하고 다닐 때가 있었다. 돌아보면 그때는 내가 또 하나의 창의적인 고백을 했음에 만족하기 바빴지 상대가 필요로 하는 마음이 뭘까 생각할 줄은 전혀 몰랐다.

혹시 언젠가 혹은 다시 책방에 입고 신청을 하실 분들이 있을지 몰라 이 지면에 몇 가지를 흘려 보겠다. 우선 우리 책방은 "저 작가입니다~" 하는 분들에게 매우 많은 부담을 느낀다. 대개 작가란 자신의 책이나 프로그램을 직접 다 만들어본 경험이 있고, 그 과정에서 동반되는 걱정과 열정을 모두 경험해 본 사람들이다. 그리고 우리 책방에서 일하는 나도, 책방의 다른 직원들도 모두 작가의 경험이 있다. 하지만 그 경험을 내세우지 않는다. 작가라는 이름이 어떤 배지의 이름이라면, 그 배지가 독특한 지위를 상징하기보다 겸손한 내공의 표식이기를 빈다.

또 한 가지, 무턱대고 방문 입고를 하는 것도 부담스러운 부분이다. "책 입고하러 왔는데요."라는 분께 "안녕하세요, 혹시 메일 주셨나요?" 하고 답하면 "아, 다 받아주는 거 아니에요?"라고 말하는 분들도 있다. 그러면 우리의 입고 방식을 안내해 드리는데, 또 그런 분들은 그냥 책을 주고 가겠다는, 경우 없는 경우로 반응한다. 책방 일이 별로 일이 없어 보일 수 있다. 그렇지만 책방도 나름의 업무와 절차가 엄연히 실재한다. 한 권의 책이 소중하게 만들어짐과 같이 한 곳의 책방도 소중하게 만들어지고 있다. 이 절차를 건너뛰겠다면 우리도 그 책을 건너뛸 수밖에 없다.

책방직원이면서 동시에 제작자인 나 또한, 점점 더 알아가고 있고, 만들어가고 있다. 현재 진행형이다. 입고할 때 책방마다 안내하는 사항에 따라 문의하고, 입고가 승인되면 택배 혹은 방문으로 입고한다. 택배로 보낼 때는 메일로 발송했다고 소식을 전한다. 방문해서 입고할 때는 혹시 부재할 수 있으니 미리 전화를 드린다. "안녕하세요, 메일로 입고 승인받고 오늘 방문 입고하려고 하는데요, 혹시 제가 몇 시쯤 방문하는 게 편하실까요?" 하고 말이다. 일하는 사람의 시간을 마련해주는 것이다. 나도 시간을 마련한 다음 움직일 수 있다. 말 한마디로 마련하고 마련되는 친절. 과연 네모난 책이 사람 사이 동그란 친절함보다 위에 있을까?

책을 보내는 택배 상자나 직접 가져온 가방 속에 음료수나 간식을 같이 넣어주시는 경우도 있다. 매우 많이 감사하지만 정말이지 그러실 필요가 없다. 그런다고 책이 더 팔리는 건 아니다. 물론 제작자들도 그 사실은 아실 테다. 아마도 책을 잘 부탁한다 이전에 '받아주어 고맙소'란 마음의 표현

이리라. 그래서 빈손이 아니라는 사실이 더욱 감사하다. 그렇지만 부디 빈손으로 오시면 좋겠다. 대신 나가실 때 손을 채워가시면 좋겠다. 다른 책을 만나고 챙겨서 가시길 바란다. 그것이 가장 훌륭한 입고 센스다. 이분은 자기 책만 좋아하는 사람이 아니라 작은 책방 자체를 좋아하는 사람이구나 하고 느껴질 때, 책을 더 잘 소개하고 싶은 마음이 속절없이 부푼다.

10.
지금 좋다! 지성인 같아!

츠크츠크. 사람 소리를 제외하고 책방에서 가장 많이 듣는 소리가 있다면 단연 핸드폰 카메라 셔터음이다. 크게 두 부류. 하나는 문을 열고 들어올 때부터 츠크츠크 하면서 들어오는 류, 다른 하나는 책방에 사람들이 있음에도 불구하고 온 사방을 츠크츠크 찍어대는 류. 자신의 하루를 위한 기록이 다른 사람의 하루를 방해하면 안 된다고 생각하는데, 생각은 어디까지나 생각이고 그런 사람은 앞으로도 있을 테다. 그래서 얼마 전 책방에 인증샷 감지 센서를 설치했다. 센서(sensor)라고 하면 그야말로 민감하고 예민해서 동작을 빠르게 캐치하는 것이 미덕이겠다. 우리 책방의 센서가 바로 그런 센서고 심지어 직립보행도 가능하다. 왜냐? 바로 나니까…

혼자 오는 분들은 책 사진도 사람 사진도 잘 찍지 않는다. 그저 조용히 자신의 관람을 유지한다. 문제는 지나가던 커플이다. 책방을 찾아서 온 커플 말고 "어? 여기서도 사진 좀 찍고 갈까?" 하고 들어오는 커플 말이다. 아무래도 오면서 다른 가게들에서도 찍었을 터라 1일 인증샷 한도를 고려하는지 바로 들어오지 않고 책방 밖에서 고민하는 모습도 가끔 보인다. 그중에 한 커플은 "여보, 책 좀 들고 있어봐봐!", "오 지금 좋다! 지성인 같아!"라며 우쭈쭈를 하는데 설마 책 한 권 들었다고 지성인이 되겠나 싶었다. 그러다 혹시 피부가 지성이라는 건가 싶어서 살펴봤더니 피부 문제가 아니었다. 여보라고는 불렀지만 진짜 부부 같지는 않았고 왜인지 전 연인한테도 여보라고 불렀을 법한 그런 느낌이었달까? 나는 그 커플 앞으로 가서 "여보세요? 거기 놀고 계신 중에 지성한데요, 나가주실래요?"라고 말하고 싶었지만 다른 손님들도 계셨으므로 모처럼 교양 있는 동작을 취했다. 오른쪽 검지를 들어 입술 위에 대고 '조용?' 하고 말이다. 그랬더니 조용히 나가던 그 커플.

책방에서 그렇게 사진을 찍어대는 분들을 보면 안타까운 마음도 있다. 카메라 성능에 비해 찍고 찍히는 두 사람의 매너가 너무 후지기 때문이다. 그래서 나는 굴에서 나간다. 책방 홀을 점검하며 그들의 사진 속 피사체가 되어주려고 하는 것이다. 찍는 와중에 내가 지나가거나 옆에서 책을 넣었다 뺐다 하면 '뭐야 진짜 이상한 아저씨네~'

하는 표정으로 다른 구도를 찾는다. 그러면 또 내가 움직이는 식이다. 그래도 나는 평화주의자라 "잘 나왔어요?" 하는 물음은 자제한다.

책을 꺼낸 빈틈에 다시 꽂지도 않고 마음에 드는 책이 없었는지 구입하지 않고 나가는 것은 그들의 자유지만, 책을 사지도 않고 책방을 배경으로 사진만 찍는다면 괘씸한 마음이 든다. 그럴 경우 나는 책방 유리 쪽에 서서 또 책을 진열한다. 그러면 그들의 사진에 또 내가 나오겠지. 그들 입장에서는 왜 안 비켜? 싶겠지만 나는 왜 찍어요? 싶다. 흥.

책 내지를 찍는 분도 많다. 아 참, 책 내용은 자기 책만 찍을 수 있다. 자기 책이라 함은 결제 후 소유한 책 말이다. 구입 전에 살피다 좋은 구절을 발견했으면 구입 후에 촬영할 수 있다. 그동안 그

매너를 모르고 책 내지를 촬영했을 수 있다. 이제라도 알았으니 지성인답게 행동하시면 된다. 책방 일 초반에는 "책 내지는 찍으시면 안 돼요."로 말했다가 요즘에는 그냥 "사진 촬영 자제해주세요~"라고 말한다. 자제라는 단어를 사용했지만 어조 자체는 다정한 최후통첩에 가깝다. 그래도 계속 찍을 경우 나가서 눈을 흘기고 다시 말한다. 어떤 공간에 가더라도 사진을 찍을 심산이면 양해를 구하고 찍든지 소리가 나지 않게 찍든지 하는 매너를 겸비하면 어떨까. 우리 책방은 센서 감지기를 통해서 다 반응하고 있다. 평소에는 또랑또랑한데 짜증 나면 까랑까랑하다. 어흥.

그런가 하면 내가 책방에서 일하는 사실을 알고 오시거나, 모르고 오셨다가 내 책을 구입하시며 직원이 작가라는 사실을 알게 된 손님들이 "작가님이랑 사진 찍어도 돼요?" 하고 물어봐 주시는 경우도 있다. 이런 사진은 내가 화장실이 급해도 가능하다. 그러면 책방에 있던 손님들, 나를 모르는 손님들도 덩달아 "어머 유명한 작가님인가 봐." 하시는데, 제가 진짜 유명하면 아마 여러분도 저를 이미 아시겠죠? 호호호.

11.
책방이 싫어질 때

나 : 6,000원입니다.

손님 : 쪼꼬만데 왜 비싸요?

나 : 아 이게 판형은 작은데, 작가님이 손으로 직접 만드신 책이라서요.

손님 : 그래도 제 생각보다 비싸요. 안 살래요.

나 : …

손님 : 핸드폰 충전 맡길 수 있을까요?

나 : 네, 이따 계산하실 때 드릴게요.

손님 : 혹시 충전 얼마나 됐을까요? 폰 다시 가져갈게요.

(충전은 했지만 구입은 안 함)

(책방 문을 열자마자 계산대로 와서는)
손님 : 여기 근처에 유명한 햄버거집이 있다던데 어딘가요?

손님 : 이 책 작가님 연락처를 알 수 있을까요?
나 : 개인정보라 알려드릴 수가 없네요.
손님 : 연락처를 모른다는 거예요 안다는 거예요?
나 : …

손님 : 제가 이 세트를 한 장만 사고 싶은데 뜯어도 되나요?
나 : 그게 세트로만 판매하는 거라서요.
손님 : 그럼 제가 실수로 뜯으면요?
나 : …

(책장을 정리하는 중에 두 손님의 대화)

손님 1 : 어머 완전 예쁜 쓰레기다~

나 : (어머 완전 무지개 반사~)

손님 2 : 돈 주고 사기는 좀 아깝네~

나 : (그럼 돈 내고 사면 되겠네~)

(책방 곳곳의 시집들을 뒤집으면서)

손님 : 제가 시집을 만들 건데요, 시집은 보통 어떤 가격 대로 해야 하죠?

나 : 보통…이라고 하면 잘 모르겠네요?

손님 : 친구한테 선물할 건데 친구가 이 책 있다고 하면 환불 가능할까요?

나 : 네? 안되죠…

손님 : 저 책 다시 가져갈래요.

나 : 네? 누구신데요? 어떤 책 만드셨어요?

손님 : 저한테 너무 철벽 치시는 거 아니에요?

나 : …

손님 : 사장님 오늘 안 나오세요?

나 : 네, 오늘은 제가 나오는 날이라.

손님 : 사장님 그럼 언제 나오세요?

나 : 네?

손님 : 사장님 그럼 언제 나오시냐고요.

나 : 제가 안 나오는 날이요.

손님 : (같이 온 친구에게) 나도 서점이나 할까?

친구 : 응 너 잘할 것 같아!

나 : (제발 했으면 좋겠다!)

손님 : 마사장님은 왜 결혼 안 하시는 거예요?

나 : 그걸 왜 저한테 물어보세요?

손님 : 사장님이랑 친하시잖아요.

나 : 그게 왜 궁금하세요?

손님 : 궁금할 수도 있죠!

나 : …

손님 : 좋아하는 일 하시니까 편하시죠?

나 : …

손님 : 저 입고 문의 드렸었는데, 거절당했어요.

나 : 그러셨군요…

손님 : 저랑 놀아주세요.

나 : …

손님 : 혹시 마을버스 언제 와요?

나 : 모르겠네요. 저기 지나가네요.

손님 : 껌 뱉고 싶은데 종이 있어요?

나 : 종이는 있는데, 어디 버리시게요?

손님 : 여기 쓰레기통 없어요?

나 : 네…

12.
쪼꼬만데 왜 비싸요?

　　　　우리 책방에 있는 책들 중에는 가격을 확인하기 어려운 책들이 꽤 많다. 뒤표지에 적혀있지만 책 자체가 포장되어 있거나 동봉된 스티커로 가려져 있는 책들 말이다. 덕분에 "이 책은 얼마예요?"라는 질문을 자주 받는다. 그러면 나는 입고된 이력이나 판매내역을 보고 가격을 확인하느라 버퍼링이 걸릴 때가 있다. 그때를 못 참고 "가격 몰라요?" 하고 들이대는 사람도 있지만 대부분은 다른 책을 구경하면서 너그럽게 기다려주신다. 복 받으세요.

    책의 가격은 판형이나 두께, 글자수와 같은 양적 면모에 비례하는 것은 아니라서 작은 책이라고 가격이 다 낮지는 않다. 작은 책일수록 손수 만들어진 책들이 많다. 책을 손수 만들었다는 것은 제본을, 그러니까 책을 실로 기우거나 풀로 붙이거나 낱낱의 페이지들을 직접 엮었다는 뜻이다. 가능하냐고? 가능하다. 이런 사실을 모른 채 "쬐꼬만데 왜 이렇게 비싸요?"라든가 "어머 너무 비싸다 차라리 다른 책 사야지!"라는 말을 듣게 되면 속상하지만, 책에도 인연이 있기에 그저 그 책과 인연이 아닌 것이라 여기며 다음 손길을 기다린다.

    규격에서 멀어질수록 인쇄비는 높아지고 책값도 함께 높아진다. 쉽게 말해 그동안 주로 보고 만졌던 책들이랑 어딘가 다른 모양새와 질감이다 싶으면 그 책은 제작비가 좀 더 많이 투입되었다고 판단하면 되겠다. 독립출판은 작가들이 내용만 다루지 않고 자신이 다룬 내용의 포장까지 직접 진행한다. 이 과정을 통해 책이 만들어질 때 필요한 결정과 타협, 실험적인 시도에 대한 존중 같은 것들을 고려할 줄 알게 된다. 내 책 한 권만 딱 만들고 마는 게 아니라, 그동안 내가 보고 만졌던 책들이 이러이러한 과정을 통해서 만들어졌겠구나 하는, 이해의 폭을 넓히는 활동이다.

 직접 경험. 밥을 짓는 일도 직접 해보고 나면 그다음부터는 내 몫의 밥 한 공기도 달리 보이지 않는가. 그래서 책 만드는 사람이 많아지면 좋겠고, 지금도 이미 많아지고 있어서 좋다. 이 책을 만든 사람이 이런 결정들을 한 이유가 뭘까? 어쩌면 이런 두려움을 가졌겠구나! 싶은 지점을 가져보는 일을 통해 창작자로서의 가능성이 발현될 수도 있고, 어쩌면 독자로서의 소질을 발견할 수도 있다. 어쨌거나 있던 자리에서 한 발을 딛고 다른 쪽으로 한 발을 딛는 일은 평소 마시던 공기를 환기시킨다.

책 만들기의 마지막 순서는 가격 설정이다. 자신이 직접 만든 물건에 가격까지 직접 매겨보는 일. 이따금 평가만 당해왔던 생활을 밀어내고 내가 내 것에 값어치를 매겨보는 일. 남들이 비싸다 싸다 말한들, 내가 걱정하고 결정한 그 결과물을 발견하고 인정해 줄 사람이 있는지 없는지 확인하는 계기가 될 경험.

물론 가격을 묻지도 않고 결제하는 사람도 많다. 그 책의 가치뿐만 아니라 자신의 구매 결정까지 높이 사는 사람들. 나는 생각한다. 그런 사람들이 작가를 탄생시키고 책방을 숨 쉬게 한다고. 작가도 책방도 책을 사는 사람이 없으면 살아

있지 못한다. 단 한 사람이라도 필요하다. 아니, 단 한 사람이라는 발상은 너무 검소하겠다. 더 좋은 작업으로 더 많은 사람이 책을 찾고 책을 만들고, 작가 또한 독자의 방식으로도 살아가는 것. 고정된 존재가 아니라 유동적인 사람으로 살아가는 것. 그것이 자연스러운 세상. '너'와 '나'를 겹치면 더 두꺼운 "내"가 되고 내 세상은 비로소 넓어지는 것 아닐까.

13.
스탬프는 됐고 할인은 안 돼요?

 때는 어느덧 2024년. 휴대폰이 거의 처음 나왔을 때 디지털 세상이다 뭐다 하면서 "돼지털?" 하는 광고를 본 지도 20년은 된 것 같다. (찾아보니 2001년 광고란다.) 디지털이라는 단어가 등장한 지 20년이 훌쩍 넘었으나 우리 책방은 꿋꿋하게 아날로그를 유지하고 있다. 아날로그라는 단어를 썼지만 사실 그 뜻은 정확히 모른다. 이참에 정확한 뜻을 알아보자 싶어 사전을 켜서 검색해 봤다. analog. 물질이나 시스템 등의 상태를

연속적으로 변화하는 물리량으로 나타내는 것. 그럼 digital은? 자료나 정보 따위를 이진수와 같은 유한 자릿수의 수열로 나타내는 일. 음, 손목시계가 예시로 들어있다. 숫자로 변경되는 전자시계가 디지털이고, 시-분-초가 흘러가는 동작이 눈에 보이는 시계는 아날로그란다. 오, 잘 모르겠어!

다시! 아날로그는 6시 13분과 6시 14분 사이의 시간도 보여주는 것이란다. 기계식으로 변환하는 게 아니라, 변화의 '흐름'이 보이는 것이란다. 계산하는 게 아니라 쌓여가는 것 말이다. 궤적이 남는 것. 낡는 것. 언젠가 수명이 다할 때도 멈추거나 꺼지는 것이 아니라 서서히 느려지는 것이겠다. 이렇게 당신이 문장을 읽어나갈 때 내가 문장을 적어나갈 때 글자가 쌓여나가는 모습도 일종의 아날로그라 할 수 있겠다.

갑자기 아날로그다 디지털이다 이런 얘기를 늘어놓은 것은 한 가지 제도를 소개하기 위해서였다. 우리 책방에는 번호만 입력하면 저절로 쌓이는 그런 포인트 제도는 없지만, 그야말로 아날로그라 할 수 있는 적립 스탬프 제도가 있다! 가로세로 3x3cm 종이에 책방 로고 모양의 도장을 찍을 수 있는 칸이 16칸 있다. 책방에서 10,000원 이상 구입하시면 만 원 단위로 한 칸씩 찍어드린다. 총 16칸이 있으니까 다 모으면, 그러니까 16만 원을 구입하면 5천 원이 할인되는 것이다. 이것의 할인율을… 디지털 계산기로 두드려보니 3.3%. 이 정도면 나쁘지 않아 보인다. 다만 15만 원을 채우는 일이 어렵다. 그러나 마냥 어렵기만 한 것은 아니다. 이 스탬프는 디지털의 기계가 찍는 게 아니라 아날로그의 사람이 찍는 것이기 때문에 내킨다면 내키는 대로 더 찍을 수도 있는 것이다. 하나둘 계산하는 것은 기계가 더 잘하겠지만 하나둘씩 더

얹어주는 일은 사람이 더 잘할 수 있는 일이다.

"저희 책방 처음이세요?"
"네."
"저희 적립 스탬프가 있는데 필요하시면 찍어드릴까요?"

마음을 더하기 위해 이렇게 물어보았으나 돌아오는 대답이 마음을 확 빼는 경우도 있다. "괜찮아요. 다신 안 올 것 같아요."라든지 "스탬프는 됐고 할인은 안 돼요?"라든지 "이거 샘플인 것 같은데 그냥 좀 깎아주시면 안 돼요?"라고 하는 분들도 간혹 있다. 음~ 침착하자. 책값은 깎임 없이 사수하고 내 마음만 깎이자. 나는 할인보다는 쌓임이 좋다. 한 권의 책을 고민고민하다 가져오시는 분들, 그 고민의 시간시간을 쌓은 사람을 볼 수 있다. 한 사람의 고민이 엮인 책을 다른 한 사람이 고민해서 펼친다. 이 아담한 장면을 시청하며 나는 입꼬리를 올린다. 책방직원으로서 해드릴 수 있는 일은 도장을 콕콕 더 찍어드리거나 이 책과 이 작가에 관한 훈훈한 이야기를 전해드리는 것뿐이다. 그러면서 우리 책방도 눈도장을 더 찍으면 좋고.

"저희가 따로 할인제도는 없어서요, 대신 스탬프 몇 칸 더 찍어드려도 될까요?"

14.
그럼 어디다 둬요?

　　　　　햇살 좋은 날, 날도 좋은데 나가서 좀 걸어볼까 하는 마음으로 나온 한 사람. 카페에 가서 좋아하는 자리에 앉거나 아니면 걷는 사이 더 선명해진 햇살에 대한 예의로 테이크아웃. 시원한 마실 것을 들고서 어디로 가볼까, 작은 새소리들로 둘러싸인 공원도 좋고 초록이 보이는 한적한 벤치도 좋을 테다. 햇살 좋은 날에는 반드시나 기필코 따위의 부사들, 인생이나 버킷리스트 따위의 명사들은 넣어두고 가만히, 조용히, 산뜻한 같은 녀석들을 데리고 다니는 게 좋다. 그렇게 가만히 걷고 또 걷다가 조용한 우리 책방의 문을 산뜻하게 열고 들어오면 더 좋다. 그러면 우리 책방에도 햇살이 더 들어오니까.

산뜻한 마음으로 책방에 오는 일은 환영할 일이지만, 그 마음을 대변하는 테이크아웃 잔을 서슴없이 책 위에 놓으시면 곤란해진다. 책이 젖기 때문이다. 한 손님에게 "책 위에 두시면 안 돼요."라고 했더니 손님은 "그럼 어디다 둬요?"라고 했다. 앗, 나의 실수. 처음부터 안 된다고만 할 게 아니라 솔루션을 함께 제시했어야 지성인처럼 보이는 건데. 나는 손님에게 "책 위에 두시면 책이 젖어서요, 바닥에 두실 수 있을까요?"라고 다시 말했다.

직원인 내가 그 말을 하기 전에 먼저 바닥에 두

는 매너 있는 분도 있는데, 대부분은 아무 의도 없이 책 위에 둔다. 일일이 말로 설명하기 지쳐버린 후로는 말없이 손님의 컵을 든다. 그리고 책에 맺힌 물방울을 손바닥으로 스읍 닦으며 손님의 눈을 바라본다. 그랬을 때 "아, 책이 젖는구나. 죄송합니다." 하고 말하는 분이 있는가 하면, 자기 물건에 손을 대서 기분이 나빴는지 그대로 책방을 나가는 사람이 있다. 손님 입장에서는 자기 물건을 말도 없이 집어 들어서 옮기는 장면을 보고 황당하겠지만, 책과 내 입장에서는 남의 책을 젖게 만드는 장면을 보고 황당했으니 쌤쌤이다. 책방직원은 손님을 지키는 사람이 아니라 책과 책방을 지키는 사람이다.

나는 바닥에 놓인 테이크아웃 잔을 들고 손님을 향해 "이거 챙겨 가셔야죠?"라고 말을 한다. 손님은 나를 향해 "죄송한데 혹시 버려주실 수 있을까요?"라고 말을 한다. 이것도 대화라고 할 수 있을까? 정반합을 이룰 수 있을까? '죄송한데~'로 시작하는 말에서 죄송함이 느껴지지 않아서 나도 "죄송한데 버려드릴 수 없네요?"로 화답했다. 퇴근길에 보면 책방 모퉁이에 아무렇게나 버려져 있곤 한다. 읔, 버려장머리 없어.

 사실 손님만 책 위에 컵을 올려놓는 건 아니다. 제작자들도 무심코 올리는 경우가 많다. 자신의 책을 책방에 입고하러 온 날, 특히 더운 날의 경우 근처 카페에서 아이스 커피를 사 오시는 경우가 많다. "저, 책 입고하러 왔는데요~" 하시며 손에 들고 있던 아이스 커피를 무심코 가까이에 있는 책 위에 올려두는 것이다. 그 또한 악의적인 행동은 기필코 아닐 것이다. 그러나 나는 그런 세심함이 없는 사람의 책은 별로 기대되지 않는다. 다른 사람의 책도 자신의 책처럼 아낄 줄 아는 사람의 책을 더 기대하고플 뿐이다. 아무리 책방에 햇살이 들어온다고 해도 젖어버린 책을 말리지는 못하기 때문에.

15.
스몰포켓 음질이 너무 안 좋아요

"팟캐스트 잘 듣고 있어요."

"잘 들었어요."라는 과거형 후기가 아니라 "잘 듣고 있어요."라는 진행형의 표현. 이런 소감을 들으면 계속하고 싶은 마음이 미래를 향해 차오른다. 게다가 그 사람이 그 말을 하기 전에는 한마디도 없던 과묵한 손님이라면? 내가 결제해 드릴 때 "25,800원입니다"라고 말했을 때도 "영수증 드릴까요? 책은 담아드릴까요?"라고 여쭤볼 때도 손짓으로만 대답했던 손님이었다. 그런 그가 책방 문을 열고 나가면서 툭 남긴 한마디가 "팟캐스트 잘 듣고 있어요."였던 것이다. 그 말 한마디를 하기 위해서 다른 말을 내뱉지 않은 것이라 추측해보자면, 우아하다. 나도 어디선가 우아하고 싶거나 여운을 남기고 싶어지면 다른 말들은 아끼다가 떠나가면서 "잘 음음하고 있어요."라고 마무리하면 되겠다.

여운이 남는 표현과 달리 서운이 남는 표현도 있다. "영수증 드릴까요?"라는 나의 물음에 "스몰포켓 음질이 너무 안 좋아요. 마이크 하나 사셔야겠어요."라고 대답하신 분이 있었다. 스몰포켓은 마사장님과 내가 진행하는 팟캐스트 채널로, 독립출판물을 만들거나 작은 가게를 독립적으로 운영하는 분들을 인터뷰하는 오디오 방송이다. 스몰포켓은 본래 청바지 호주머니에 있는 작은 호주머니의 명칭인데, 이들의 이야기가 작지만 요긴하게 여겨져 지은 이름이다. '작지만 요긴한 이야기' 스몰포켓은 어느덧 6년이 넘었고 140회차를 이어왔다.

녹음을 할 때면 사장님과 나는 나란히 앉고 게스트분들은 우리와 마주 보고 앉는다. 한 번은 사장님 수업을 듣고서 매거진을 만든 팀이었는데, 그분들이 사장님을 보는 눈빛에 존경과 감사가 가득했다. 나로서는 늘 하는 녹음, 늘 앉는 나란함, 늘 보는 사장님인데 마주 보는 편에서 그런 눈빛을 보내셔서 나도 모르게 그 눈빛을 따라 사장님을 보았다. 오호라, 사장님이 어느새 늙어있었다. 나는 그동안 나 늙는 것만 생각했지, 늘 곁에 있는 사장님의 노화를 캐치하지 못했던 것이다. 나보다 9살이 많은 사장님은 가끔 나에게 나중에 자기 장례를 치르라고 얘기하는데, 그 무렵부터 '진짜 우리 사장님은 누가 챙겨줄까' 싶은 걱정이 들어버렸고 '진짜 있을 때 잘해야겠다'는 다짐을 하게 되었다. 그런 걱정과 다짐의 일환으로 얼마 전 생일에는 이불을 선물하기도 했다. 사장님과 사장님의 주변을 덮어줄 만큼은 못 되겠지만, 그래도 사장님의 꿈나라를 돕고 싶은 마음으로 말이다.

아담하게 진행하는 팟캐스트라 청취자를 실제로 만날 일이 거의 없는데, 책방에 직접 오셔서 음질이 안 좋다느니 마이크를 하나 사야겠다느니 한 말씀 주시는 사람이 나타나면 일단은 귀하다. 그러나 친분이 없는 사이에서는 좋은 '뜻'으로 하는 "말"은 별로 소용이 없는 것 같다. 좋은 뜻은 좋은 뜻이고 좋은 말은 좋은 말이다. 우리도 그동안 운영하면서 여태 이런저런 시도를… 한 건 아니고 쭈욱 나의 아이폰으로 녹음했다. 멋들어진 녹음장비 없이 단란한 아이폰을 본 게스트분들의 반응은

"아, 이걸로 녹음하는 거군요?"로 시작해서 어느 순간 "아 맞다 녹음하고 있었네요 하하."로 이어진다. 변명인데, 만약 우리가 그럴듯한 시설에서 그럴듯한 장비로 인터뷰했다면 그럴듯한 이야기가 나올 수 있었을까? 잘은 모르겠다. 다만 지금까지 담아온 것처럼 자연스럽고 편한 대화가 오가지 못했을 수는 있겠다. 만약 누가 마이크를 선물해 준다고 해도 받지 않을 것이다. 왜냐? 우리에게는 이미 마이크가 있으니까! 마사장님의 '마'는 한자 성이 아니라 영어이름 마이크(Mike)니까!

16.
그건 어떤 책이야?

책방에 오는 손님들의 인원 구성은 참 다양하지만 가장 많은 구성은 2인조, 그중에서도 단연 커플이 많다. 책방은 데이트 코스로 좋은 공간이기도 하지만 특히 가까워지기 좋은 곳인데, 그도 그럴 것이 아담한 공간이라 멀어질 수 없기 때문이다. 애틋하게 보자면 한 사람이 책을 유심히 보는 그 골똘하고 관능적인 한 장면을 관람할 수 있고 또 관람시킬 수도 있다. 이미 알고 있는 책이 있으면 운 좋게 설명해 줄 수도 있다. 책을 설명

할 때는 왜인지 조곤조곤 설명하게 되는데, 그 조곤조곤함도 매력 포인트가 될 수 있다. 아니면 "그건 어떤 책이야?" 하고 상대에 대한 관심을 그가 고른 책으로 대신 표현할 수도 있고, 내가 집어 든 책 속 문장을 하나 집어서 "이 문장 되게 좋다." 하며 슬쩍 교감해 볼 수도 있다.

각자의 책을 사는 일만으로도 좋겠지만 서로 가까워지기를 원한다면 최적의 질문이 있다. 바로 "우리 서로 한 권씩 선물해 줄까?"라는 질문이다. 책을 서로 선물하고, 또 그 책을 바꿔 읽으며 둘 사이를 이어 나가는 것이다. 상대가 읽고 건넨 책에 혹시라도, 짧지만 꼭꼭 눌러쓴 마음이 있다거나 줄 쳐진 문장들이 있다면 더 좋다. 나로서는 두 사람이 서로의 레이어를 겹쳐서 하나의 이미지가 되기를 바랄 뿐. 그래서 책방이 기념 장소가 되어 이곳에 더 자주 오기를 바랄 뿐. 참, 이런 방면으로 우리 책방을 잘 이용하는 손님이 있다.

    계절에 한 번 정도 오는 분인데, 매번 다른 이성분과 오면서도 "작가님 계셨네요, 안녕하세요."라고 말하며 나와의 친분을 과시, 아니 표시하는 분이다. 나는 그분을 다른 곳에서 따로 인사하거나 만난 적은 없지만 같이 온 분께 매번 나를 "내가 좋아하는 작가님이셔, 이 책 쓰신."이라며 하며 곧장 소개하는 바람에 나도 눈치 빠르게 "네, 저도 저를 좋아해요."라고 대답한 적도 있었다. 감사하게도 매번 책을 구입하시고 그 꾸러미에는 가끔 내 책도 있는데, 지난번에는 내 책에 서명을 요청해 주셔서 '두 분 이쁘게 잘 만나셨으면 좋겠네요.'라고 책에 써드린 적도 있었다.

    그날 그렇게 써드린 이후 그분이 다시 오신 건 서너 달쯤 뒤로 또 하나의 계절이 흐른 시점이었다. 그분은 지난 계절과 마찬가지로 "작가님 계셨네요, 안녕하세요."라며 나와의 친분을 표시했다. 그러나 같이 온 분은 전에 왔던 분과 다른 분이었다. (같이 온 사람까지 어떻게 기억하냐 싶겠지만 나도 자의로 겸비한 눈썰미가 아니다.) 뭐, 새로 시작한 연애에 좋아하는 공간을 겹칠 수도 있지만 전에도 똑같이 "내가 좋아하는 작가님이셔, 이 책 쓰신."이라고 말했다는 사실이 괜시리 텁텁하게 다가왔다. 그런 멘트가 그분의 기술일 수 있겠으나 나는 이번에는 별 대꾸를 하지 않고 멋쩍게 웃어넘겼다. 그리고 든 생각은 '내가 근무 아닌 날에도 또 다른 사람이랑 왔을 수도 있겠다.'였고 그 생각으로 쓴 한 줄은 '공간은 이용할 수 있어도 사람은 이용할 수 없어요.'였다.

17.
간사합니다

"간사합니다."

이 소리는, 서울 용산구 해방촌의 어느 한 책방에서 책을 구입한 외국인 손님이 한국말로 감사 인사를 하는 말이다. 손님의 소리를 찾아서.

"거스른돈도 주세요."

위에서 소개한 손님이 두 번째 왔을 때 말했던 말이다. 이제는 책방의 단골이 된 이 손님은 [ㅁ]

발음이 어려운지, 아니면 [ㅁ]이란 네모 안에 갇히기보다 [ㄴ]이란 계단을 밟고 올라서겠다는 본인의 의지인지 나에게 매번 언어적 신선함을 주시곤 한다.

 다른 언어를 배운다는 일이 녹록지 않았을 텐데 올 때마다 조금씩 새로운 표현과 자신감 있는 눈빛으로 인사를 건넨다. 내가 그에게 알쏭달쏭한 부분은 그가 한글이 많은 책만 구입한다는 것이다. '한글을 제대로 읽을 수 있으려나?' 싶다가도 '그치만 잘 모르는 언어라도 갖고 싶은 책이란 꽤 멋지군' 하며 생각의 샛길로 들어가 '언젠가 내 책도 외국으로 갈 수 있으면 좋겠다!'라는 작은 소망을 품게 된다. 이 손님은 책 구입주기도 점점 빨라지고 "안녕하세요!" 하고 인사하는 목소리도 점점 커진다. 이제는 무가지를 들고 "오 이거 공짜?" 하며 좋아하기까지 한다. 한국인 다 됐다.

한 번은 "I don't have wi-fi."라고 말하며 들어온 외국인 손님이 있었다. 어렵사리 해석해 보자니, 본인이 종로3가를 가야되는데 스마트폰의 데이터를 다 써서 지도 앱 연동이 안 된다는 것이다. 나도 책방에서 종로3가까지 걸어본 적이 있는데 가는 길을 알고도 한 시간이 넘게 걸리는 거리였다. 나는 어렵사리 택시를 탈 건지 버스를 탈 건지 물어보았더니 그는 "Just walking."이라는, 광고에 삽입될 것 같은 팝송 제목으로 대답했다. 나는 그가 보여준 지도에서 손가락으로 동선을 그리며 "I think…"를 생각 해내는 데 2초, "You keep going this way."를 말하는 데 3초가 걸렸다. 고작 5초였지만 내가 종로3가에 걸어가는 듯한 수고였다. 그건 그렇고 잘 도착했으려나. 설마 지금도 가고 있는 건 아니겠지? 3년이 다 되어가는 것 같은데…

외국인 손님 모두가 그렇지는 않지만, 대부분은 말을 걸기 전에 주로 "캔 유 스픽 잉글리시?" 하고 물어보곤 한다. 매너 있다. 사실 이것은 영어가 가능한지 묻는 것도 있겠지만 나아가 대화가 가능한지, 나랑 얘기할 시간이 있는지를 포함하는 질문일 것이다. 그렇다면 같은 언어를 사용하더라도 대화가 가능한지 여부를 확인하는 태도도 매너 있겠다. 말을 걸 때는 다리를 걸듯 불쑥 거는 게 아니라, 새끼손가락을 걸고 약속을 하듯 살짝 내밀어 보는 연습을 한다.

18.
어머 이게 얼마 만이야

　　　　　　아무도 없는 책방의 한낮. 나는 가만히 턱을 괴고 바닥에 비친 햇살을 바라보고 있었다. 그때 조용히 책방 문을 열고 들어오는 한 손님, 손님은 조용함을 유지하며 책방을 둘러본다. 조용한 손님이 오면 나도 괜스레 조용해져서 스피커의 볼륨을 낮추곤 한다. 책방에 흐르던 음악은 그 순간부터 손님의 배경음악이 된다.

　　모처럼 책방에 온 날, 다른 손님이 한 명도 없

다면 그것은 일종의 행운이고 이 행운을 모으느라요 며칠 기운 빠지는 일이 몇 개 있었을지도 모를 일이다. 아무도 없는 책방에서 누리는 동선의 자유, 집고 싶은 책들을 다 집을 수 있고 펼치고 싶은 책들을 다 펼칠 수 있는 일, 이 얼마간의 누림이 한 사람의 흩어진 생활을 정렬하는 과정이어도 좋겠다. 물론 운영자의 입장에서는 손님도 많고 책도 많이 팔리면 넉넉하겠지만 가끔은 관찰자의 입장에서 넉넉해지려고 한다. 무용할 뻔 했던 내 하루에 조용한 오후를 누리는 모습을 입력했으니 되려 감사한다.

조용한 손님이 책방을 누린지 한 시간쯤 되었을 때, 또 한 손님이 조용히 책방 문을 열고 들어왔다. 손님의 시선이 먼저 와 있던 손님 쪽으로 향했고 눈동자에는 유리구슬 같은 빛이 스몄다. 보고 싶던 반가운 눈을 마주치면 발하게 되는 그런 눈빛이었다.

"이야 진짜 오랜만이다!"
"어머 이게 얼마 만이야!"

두 분은 손뼉으로 맞장구를 치고 발까지 동동 굴려 가며 반가움을 표출했다. 각자 책방 문을 열 때는 조용한 싱글이었는데 서로 만나고 나니 싱글벙글쇼를 진행해도 될 만큼 쿵짝이 맞는 듀오였다. 오랜만에 만났는데 저렇게나 손뼉이 잘 맞다니. 책방은 이렇게 재회의 장소가 되기도 한다.

두 분이 오랜만에 만나기로 했을 때 약속 장소에 관해 어떤 생각들이 오갔을까. 이동시간이나 이동 거리를 생각했을까 아니면 인사할 공간의 분위기를 생각했을까 그것도 아니면 그 동네의 풍경을 생각했을까. 어떤 생각이 오갔든 두 사람 대화의 시작은 "우리 어디서 만날까?"로 기대의 창문을 한쪽 열고 "그럼 책방에서 만날까?"로 다른 한쪽도 마저 열었을 것이다. 그렇게 활짝 열린 창문을 통해 둘 사이를 환기시켰을 것이다. 그래서 나도 누군가를 기다릴 때 시간을 정해서 기다리기보다 공간을 정해서 기다린다.

특히나 우리 책방처럼 초행길에 찾기 어려운 장소는 여기로 오기까지 골목길을 두고 걷기를 망설여가며 도착해야 하는데, 굵직한 기억들이 대부분 그렇듯 당장에 가는 길이 번거로웠던 만큼 나중에 떠올릴 때는 너무도 간편할 테다. 두 분은 오랜만에 만났지만 자세한 대화는 이다음 갈 공간으로 잠시 미루었는지 각자 책을 펼치고 한참을 보냈다. 두 분의 손에 펼쳐진 책들이 활짝 열린 창문처럼 보였고 나는 그 창문틀에 내 오후를 마저 기댔다. 그리고 그 평화로운 시간의 마무리는 역시 두 분의 훈훈한 쿵짝.

"내가 사줄게."

"아니야, 언니 돈 없잖아."

"야, 나 월급 받았잖아."

"에휴, 언니 그러면 우리 서로 한 권씩 선물할래?"

"얘가 정말, 다음부터는 지갑 들고 오지마."

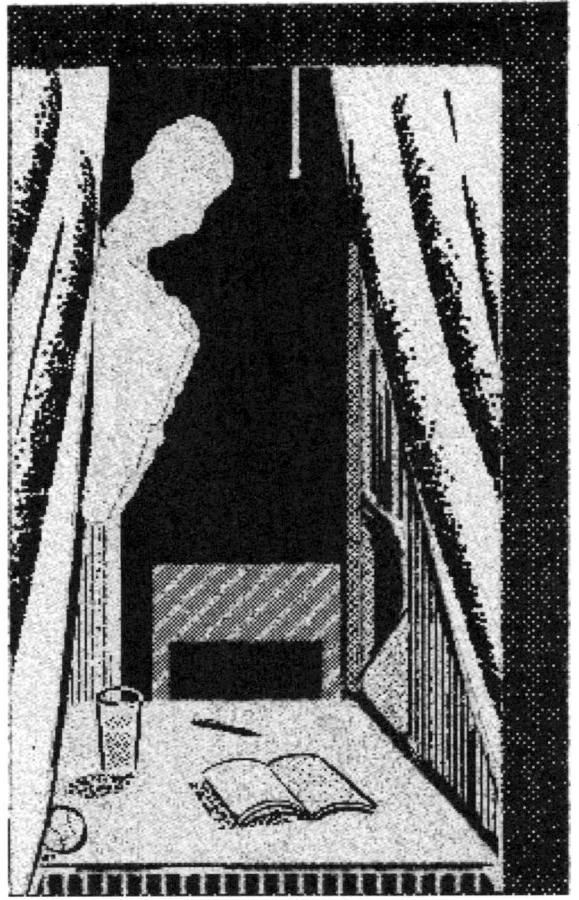

19.
사장님 맞으시죠?

책방에서 여러 가지 질문들을 받고 가지가지 대답들을 하지만 그중에서도 가장 많이 하게 되는 말은 "~아닌데요."다. 구체적인 예문을 밝히자면 "저 사장님 아닌데요."와 "저희 출판사 아닌데요."가 있다. [아닌데요] 말고 [아닙니다]로 대답할 수도 있겠지만 원치 않는 대화는 정중하게 대답할수록 길어진다.

누군가의 입에서 저런 까칠한 대답이 나오게

하는 사람들의 특징이 있다. 이들은 다짜고짜가 강하다. 들어오자마자 "사장님 맞으시죠? 잠깐 얘기 좀 할 수 있을까요?" 혹은 "제가 책을 좀 만들고 싶어서 왔는데요. 얼마부터 작업하시죠?" 하고 말하곤 한다. 책방을 둘러보지도 않고 말이다. 자기 용건이 중요하다 이거다.

"~시죠?"를 포함하곤 하는 이들의 말투는 어떠한 일념을 가진 사람들의 공통된 특징으로 볼 수 있다. 일념에는 전념으로 맞서는 법. 나는 아침에 깎았지만 금세 또 까칠해진 턱수염을 전력을 다해 내밀며 "아닌데요."라고 대답했다. 나 또한 대화의 여지를 주지 않는 것이다. 내 얼굴이 꽤 각진 편이라 그런지, 나의 대답에 왜 그런 식으로 대답하냐며 되물은 사람은 아직까지는 없었다. 때때로 이런 단호한 얼굴이 편할 때가 있다. 나를 모르는 사람은 내 얼굴만 봐서는 만만하게 보기 어렵다. 그건 그렇고, "아닌데요."라고 대답했던 일이 또 있었는데 4인조 그룹 손님이었다.

그들은 여타 또래의 사람들처럼 인증샷도 찍었지만 인증에만 마냥 빠져있지 않고 책방에 감탄하고 숨은 책을 찾는 경험을 적극적으로 누리는 그룹이었다. 이런 손님들이 오면 나까지 기분이 좋아지고 사뭇 친절해진다. 계산할 때가 되어 한 분 한 분 자기가 고른 책을 계산하는데, 마지막 한 분이 계산할 때였다. 나는 여느 손님에게처럼 "혹시 저희 책방 처음이시면 적립 스탬프 찍어드릴까요?" 하고 여쭤봤고 그 손님은 스탬프 소식마저 너무 좋아하셨다. "얘들아~ 적립 스탬프도 너무 귀여워~" 말하며 뒤돌아서 친구들에게 한마디를 더 했다. "아저씨도 너무 착하시다!"라고 말이다!

그 말을 들은 순간, 나는 창과 방패적인 기분이 들었는데 그 이유는 '아저씨'라는 표현에 발끈하게 되었지만 '착하다'라는 표현에는 얌전하게 되었기 때문이었다. 그러나 지금이야 내 나이가 3학년 4반이지만 당시에 나는 아직 2학년 9반이었기에 '아저씨라니? 이거 완전 성급한 일반화의 오류 아닌가?' 싶은 마음에 천을 치면서 "저 아저씨 아닌데요?"라고 발끈해 버렸다. 그제야 손님은 다시 뒤돌아서 나를 보고 "어머! 아저씨 아니셨구나 죄송해요! 죄송합니다!"라고 다급하게 사과하셨다. 죄송하다는 말씀에 나도 괜히 겸연쩍어서 "아니에요 뭐 죄송할 건 없어요. 좀 있으면 될 거예요. 아저씨…"라고 대답했다. 그 뒤로 월 1회 정도 정기적으로 들었던 것 같다.

반대로 내가 "아니요."란 대답을 듣는 일도 다반사다. 카드로 결제하시는 모든 분께 "영수증 드릴까요?" 하고 묻는데, 스무 명 중의 열여덟 명은 "아니요."라고 대답한다. 하루는 손님이 꽤 많은 날이었는데 모든 손님이 계속 "아니요."라고 대답하셔서 나도 POS기의 영수증을 뜯지 않고 좌르륵 이어본 적이 있다. 그랬더니 결국에는 내 목에 세 바퀴를 두르고 남을 정도의 영수증이 이어져 있었다. 나는 너무 많은 "아니요."란 대답에 노이로제가 걸릴 것 같아서 과연 내가 질문을 바꿔야 하는 걸까 고민하기도 했다. 이를테면 "영수증 드릴까요?" 대신 "영수증 필요 없죠?"라든가 아니면 "영수증 주지 말까요?"라고 물어본다든가… 이런 궁상을 떨던 와중에 아주 인상적인 대답을 만났다. 그 대답은 바로 "싫어요."였다.

"아니요."가 뺨을 후려치듯 철석같은 말이었다면 "싫어요."는 오락실에서 두더지게임을 하는 듯한 둔탁하고도 재빠른 말이었다. 아. 나도 아저씨라는 말을 들었을 때 아저씨 아닌데요 말고 아저씨 싫어요! 라고 했어야 하는데. 이렇게 또 대답을 배운다.

20.
혹시 사장님은 어디 가셨나요?

 책방의 주 업무라고 봐도 될까. 사장님을 찾는 사람이 정말이지 너무 많다. 3일에 한 명은 꼭 있으니. 사장님을 만나러 책방에 와서는, 반가운 눈빛으로 인사를 하려다 사장님이 없다는 사실을 알고 나면 그 밝았던 눈빛이 확 사라지는 일도 많다. 나도 누군가에게는 소중한 사람인데요? 그 눈빛은 "혹시 사장님은 어디 가셨나요?"라는 질문으로 용건을 이어간다. 하지만 그 질문은 매번 설명하기가 번거로운데, 우리 책방은 각자

정한 요일에 한 사람만 출근을 하고, 내가 일하는 날에는 내가 나와 있고 사장님이 일하는 날에는 사장님이 나와 있기 때문이다. 그러니까 사장님이 어디 갔냐는 질문에 정확하게 답하자면 "오늘 한 번도 온 적 없고 저도 못 봐서요. 어디 갔다고 하기도 뭐하네요? 무슨 일이시죠?" 하고 대답할 수밖에 없는 것이다. 그 대답에는 보통 "아 - 사장님께 도움을 구할 게 좀 있어서요."라는 대답이 돌아온다. 흠. 단단히 잘못 알고 계시는걸요? 제가 볼 때는 우리 사장님이 도움이 필요한 사람인걸요?

"오늘 사장님은 쉬세요?"라며 질문의 유형이 바뀌기도 한다. 그러나 이 질문 역시 내가 사장님이 집에서 쉬는지 낮잠을 자는지 운전을 하는지 미팅을 하는지 드라마를 보는지 운동을 하는지는 나도 모른다. 이런 나의 무지를 순도 100% 담아 "모르겠는데요."라고 대답했다. 그랬더니 "저 사실

사장님이랑 아는 사이인데 연락될까요?" 아는 사이인데 왜 연락처를 모르실까? 누군지는 알지만 연락처는 모르는 사이라는 건가? 모르겠다. 개인정보라서 제가 알려드릴 수 없다고 대답했더니 그냥 좀 알려주면 안 되냐고 한다. 하, 그냥 좀 나가주면 안 될까요?

그다음 기출변형은 "마사장님은 오늘 안 계시나 봐요."라며 사장님의 성을 붙이는 유형이다. 성을 붙여 말하면서 사장님을 아는 사람임을 어필한다. 그러면 나는 "아, 저희 사장님이랑 아는 사이세요?" 하고 확인하고 대부분은 "아 아는 사이는 아니고요, 제가 책방을 차릴 건데 의논하고 싶은 게 좀 있어서요."라고 대답한다. 아니, 여기는 상담소가 아니라 책방인걸요? 상담을 하더라도 약속을 하고 오셔야 하는걸요? 다른 사람의 시간은 공공재가 아닌걸요? 그런 사람들이 올 때마다 나는 그들의 흰머리를 뽑는 척하면서 검은머리를 뽑고 싶어진다.

우리 책방에서 일하는 사람들은 다 지니고 있을 텐데, 사장님 보호본능이 있다. 사장님과 아는 사이든 모르는 사이든 사장님을 찾는 사람이 있으면 괜히 지켜주고 싶다. 사장님도 사장님이 원하는 사람만 만날 권리가 있으니 그 권리를 보호해주고 싶다. 저 바보 같고 우직한 사람, 남한테 다 퍼주고 또 퍼주는 사람을 보고 있으면 자주 속상하다. 그럼에도 그가 퍼주는 일에 기뻐하는 모습을 보면서 '참 귀한 사람이다'라는 생각이 든다. 사장님의 퍼줌(?)을 경험한 주변인들은 그가 다시 채워질 수 있도록 그저 묵묵히 곁을 채워주자는 뜨끈한 공통감이 있다고 생각한다.

언제였나, 사장님 나이 서른아홉쯤의 일이었

을 것이다. 하루는 사장님이 나에게 "나 이제 거절을 좀 해보려고."라고 말한 적이 있었다. 나는 뭔가 의아해서 "내일모레 마흔인데 이제 거절을 해본다고요?"라고 대답했고 한 2주쯤 후에 내가 어떻게 됐냐고 거절은 잘했냐고 물어봤는데, 사장님이 하는 말.

"아니 글쎄 내가 거절을 했는데 그 거절을 거절하더라고. 한 번만 더 생각해달래. 그래서 생각해 본다고 했지 뭐…" 아… 그래도 요 몇 년 사이 큰일들을 많이 겪으며 둥글둥글했던 사장님도 조금씩 갈아져서 모서리가 생기기도 했다. 참 귀한 모서리다. 둥글둥글하면 계속 굴림만 당하느라 앉아서 눈물 닦을 새도 없지 않나. 조금 모가 나야 주저앉을 수도 있고 눈물도 닦을 수 있다.

또 한번은 이런 적도 있었다. 책방에 들어오

자마자 굴로 오셔서 반갑게 인사를 하신 분이었다. 나는 그분이 나를 너무 반가워하시길래 만난 적이 있는 분인 줄 알았다. 그렇지만 눈썰미가 좋은 나조차도 그분이 도저히 기억나지 않는 것이었다. 속으로 '아 나도 많이 늙었나 보다. 이제 사람 얼굴을 다 까먹네.' 하면서 그 반가운 인사에 반갑게 화답하며 대화를 이어 나갔다. 손님은 전에 수강했던 나의 워크숍에 너무 큰 도움을 받았다며 "마사장님이 전에 해주신 말씀들에 큰 도움 받았습니다!"라고 하셨다. 아. 내가 사장님인 줄 알고 말했던 것이다! 반갑게 인사했던 것도! 그러니까 나와는 완전히 초면인 사람이었다. 나는 그분께 "네? 저 사장님 아닌데요?"라고 말하며 놀랬고 그분은 "네? 저한테 4주 동안 책 만들기 수업해 주셨잖아요?"라고 말하며 놀라셨다. 하… 저는 영어이름도 없고 81년생도 아니라고요…

21.
어? 얼굴이 왜 이렇게 안 좋아?

책방 일만으로는 먹고살기가 빠듯해서 가끔은 외주 일도 한다. 전공이자 살짝 발가락 정도만 담갔던 분야인 광고 쪽 일. 이쪽 일이 들어오면 분야 특성상 기본 페이가 센 편이라 마다하기 어렵다. 그런데 이 광고 쪽 일을 해내는 요령이 미처 없었을 때는 외주 일이 책방 일에 영향을 줄 때가 있었다. 새벽까지 아이디어를 쫓다가 해가 뜰 때 잠들기 일쑤, 하루는 눈을 떴을 때가 이미 1시 5분이었다. 책방 오픈은 1시인데! 양치를 대략

30초만 하고 고양이 세수만 한 채로 스쿠터 핸들을 잡았을 때가 1시 10분. 골목을 슈우웅 돌파하는데, 골목 끝에 익숙한 차림의 한 남자가 보였다.

오른발을 아스팔트에 콕콕 찍으면서 왼손에는 스마트폰을 오른손에는 불붙은 담배를 들고 있는 남자. 짧은 스포츠머리에 분홍색 티셔츠와 네이비 반바지를 입은 남자, 마사장님이었다. 나는 완전한 지각이었고 어차피 사장님도 스마트폰을 계속 보고 있으니 나를 못 보겠다는 생각으로 그냥 빨리 지나갈까도 싶었는데, 이렇게 지나가면 하루 종일 찜찜할 것 같았다. 뭐 지각한 게 처음도 아니고, 그래 한 번은 한 소리 들어야지, 라는 생각으로 스쿠터 브레이크를 당겼다. 끼ーー익.

그런데 사장님은 나를 보자마자 잔소리는커녕 "어? 얼굴이 왜 이렇게 안 좋아?" 하고 물었다. 엇?

오픈 시간이 넘은 지를 모르나? 나는 일단 "아 외주 일 때문에 잠을 못 자서요, 저 많이 늦었어요 죄송해요."라고 대답했다. 내 대답에 사장님은 "괜찮아 괜찮아, 나는 수영 갔다가 아이스크림 하나 먹고 담배 한 대 피우고 있었어. 너 아직 안 간 줄 알았으면 하나 사주는 건데~"라며 넉살을 떨었다. 아이스크림 이야기를 해서 그런가, 지각해서 받은 눈치 치고는 꽤 달콤했다. 나는 "캬~ 얼른 가볼게요." 하고 스쿠터 엑셀을 당겼고, 다행히 책방 앞에 기다리는 손님은 없었다. 차곡차곡 오픈 업무를 다 할 즈음 기프티콘이 하나 도착했다. 사장님이 보낸 종합비타민이었다. "얼굴이 많이 안 좋드라, 몸 아프면 안 된데이."

사장님의 너그러운 말들이 내 책방생활을 지탱한다. 사장님을 알고 지낸 지도 10년, 그는 내가 그간 저지른 실수와 오버들을 지적하거나 트집 잡지 않는다. 그저 괜찮다고 말해주고, 내가 그 실수에 머무르지 않도록 어깨에 손을 톡 올려준다. 그는 평가하지 않고 나는 평가 당하지 않는다. 이것이 내가 받는 급여 중 가장 비싸다. 아이스크림으로 치자면 아이스크림이 녹았다고 나무라지 않는 것. 냉동실에 있던 아이스크림을 꺼내면 아이스크림이 녹는 게 당연하다는 것. 다 먹기 전에 녹았으면 새 아이스크림을 꺼내면 되고, 새 아이스크림이 없으면 사거나 만들면 된다고. 아이스크림이 녹아서 손가락 사이로 흐르면 닦으면 된다고. 그럴 때도 있는 거라며 지나가 주는 것. 아이스크림이야 또 사 먹으면 되지. 아이스크림을 먹는 우리가 중요하지. 그러니 건강하게만 있자고.

22.
이유를 찾지를 말어라

　　　웬만한 말은 다 줄여서 사용하는 시대다. 트렌드에 뒤처지면 안 된다 뭐다 해서 각종 퀴즈로도 나온다. 나도 나이를 먹었는지 시대에 적응하려는 습성이 생겨버려서 말 줄이기를 습관화해 볼까 했는데, 나에게는 이미 그 습관이 잡혀있었다. 아침에 눈을 뜨고 기지개를 켤 때 나도 모르게 "뜨아~~~" 소리를 내게 되면 뜨거운 아메리카노를 마시고 "아아~~~" 소리를 내게 되면 아이스 아메리카노를 마시곤 한다. 훗?

책방에서도 여러 사람의 다양한 말투를 듣고 곧바로 적응한다. 영수증을 드릴지 여쭤본 손님이 "아~~~~~니요 괜찮아요!" 하고 말하면 나도 "네~~~~ 알겠어요!" 하고 대답하고, "영수증 버려주세용!" 하는 분에게는 "넹! 알겠습니당!" 하고 대답한다.

같이 온 동행에게 자신이 든 책을 보여주며 "이거 재밌다. 재밌지?" 하면서 같은 말을 두 번씩 하는 사람들도 있는데, 사실 이렇게 이 두 번씩 말하기로는 우리 사장님이 최고다. 사장님은 누군가의 말에 동의할 때 "그럼그럼~"이라 말하고 직접 사진을 찍자마자 "잘 나왔다 잘 나왔다."라고 말한다. 필름카메라로 찍어서 아직 모르는데 말이다. 심지어는 개인 인스타그램 아이디도 이크이크마이크다. 두 번씩 말하면 리듬을 형성하고, 리듬이 형성되면 별다른 단어를 사용하지 않고도 대화가 가능해진다는 사실을 사장님을 통해 정말정말 알게 되었다.

　사장님은 다른 말투도 많은데 그중 하나는 누군가, 특히 내가 시답잖은 소리를 해대면 "마셔~"라고 말하는 것이다. 그러면 나는 마실 게 있을 때는 마시지만 마실 게 없을 때는 "마실 게 없는데요?" 하고 까불면 "응응 한 잔 더 사줄게 마셔~"라고 말한다. 종종 손님이 없는 타이밍에 책방에 와서는 "노니노니~ 샤따내려~"라고 말하며 커피를 주고 가기도 한다. 여기서 노니노니란 "놀고 있니?"라는 말이다. 한 번은 오후 6시가 되도록 손님도 없고 팔린 책도 없어서 어떡하냐 요즘 손님이 너무 없다 말했더니 "이유를~ 찾지를~ 말어라~"라고 운을 띄우더니 "날씨가 좋으면~ 좋다고 없고~ 날씨가 안 좋으면~ 안 좋다고 없고~"라는 타령을 선보인 적도 있었다.

나는 말투가 보이는 사람이 좋다. 가까운 사람의 말투는 따라 해본다. 따라 할 수 있다는 것은 떠올릴 수 있다는 것이고, 이것은 그 사람이 없는 자리에서도 그 사람을 기억해 낼 수 있다는 것이다. 에피소드도 에피소드대로 기억의 힘을 가지지만, 말투도 그만큼의 기억의 힘이 있으니까 말이다. 그런 이유로 세상을 먼저 떠난 사람을 떠올릴 때 '그런 일이 있었지.' 하고 떠올리기도 하고 '그런 말을 하곤 했었지.' 하고 떠올리기도 하는 것이다.

그래서 나는 시즌별로 추임새를 만든다. S/S 시즌에는 해사하게 웃는 아이들처럼 깔깔깔, F/W 시즌에는 따뜻하게 손을 데우는 호호호. 호불호가 아니라 <u>호호호</u>. <u>호호</u>보다도 호호호.

23.
별꼴이네?

　　책방은 1년에 열두 번 월세를 낸다. 그리고 월세는 사장님이 내는 거라 나는 월세를 알지 못한다. 하지만 월세를 받는 사람이 누군지는 알고 있다. 바로 우리 건물주 어르신이다. 책방에서 일한 지 며칠 안 되었을 때, 걸음이 뒤뚱뒤뚱한 어르신이 책방에 들어오셨다. 나는 어르신께서 무슨 일로 오셨는지 찾는 책이 있으신지 여쭈려 굴을 나갔는데, 어르신은 "못 보던 애기가 있네. 오늘 형아는 없는 날인가벼?"라고 말하며 본

죽 통 하나를 건네셨다. 통 안에는 약밥과 볶음김치가 있었고 그 어르신은 당신이 2층에 살고 있다고 했고, 사장님께 연락을 해보니 건물주 어르신이었다. 그 뒤로 고구마며 두유며 사과며 귤이며 배며 각종 먹을거리를 주고 계신다. 우리 어르신은 자기 이야기를 들어달라며 늘어놓는 부류의 사람은 아니었다. 늘 줄 것만 툭 주고 다시 뒤뚱뒤뚱 가시곤 했다.

그리고 지난겨울, 책방 임대계약이 만료되어 갈 즈음이었다. 해방촌의 임대 시세는 몇 년 사이 하릴없이 높아져 '우리 책방도 이 영향을 피하기는 어렵겠지' 하며 걱정이 많았다. 하루는 어르신이 책방으로 오셔서 "아마 사글세 계약할 때가 됐지? 많이는 안 올릴게."라며 계약 얘기를 꺼내셨다. 심지어 그때도 빈손이 아니었다. 당신 주머니 속에 있던 귤을 꺼내주셨던 것이다. 그러면서 꿈

얘기도 꺼내셨는데, 이런 얘기였다.

"그래도 여기가 사람이 계속 오고 그른다잉? 별꼴이여~ 처음 들어오던 적에 내 꿈에 여기가 모닥불이 피었었거든. 모닥불이 길몽이랴. 어쨌든 나는 여기가 필요가 없으니까~ 앞으로도 잘해봐~"

월세는 다행히 소폭 상승했고 우리 책방은 어르신의 말처럼 앞으로도 잘해볼 수 있게 되었다. 그 소식에 화답하듯 다음 날은 손님도 많이 와서, 나는 매대에 흩어진 책들을 모처럼 가뿐한 마음으로 정리하고 있었다. 그때 창밖으로 어르신이 지나가셨다. 나는 책방 문을 열고 나가서 "어르신, 월세 많이 안 올려주셔서 감사합니다." 하고 꾸벅 인사를 했다. 어르신은 흐뭇하게 웃으시며 "뭘~ 나는 다른 사람들처럼 돈 몇 푼 더 벌려고 쫓아내고 그런 사람 아니여. 베풀면서 살아야지. 내가 잘해서 땅값이 오른 것도 아닌디. 안 그려?"라고 말씀하셨다. 아, 건물의 가격은 간접적으로 올랐겠으나 어르신의 인격은 직접 일군 면모겠지? 우리 책방이 다른 책방의 부러움을 살 수 있는 단 한 가지가 있다면 아마도 이런 건물주를 만났다는 사실일 것이다. 직접 일군 것에 대해서는 존경을 사고, 우연히 얻은 것에 대해서는 부러움을 산다.

24.
전업주부 아직도 하고 싶으세요?

걸어서 수영장에 가고 스쿠터로 책방에 갑니다
잘하는 일은 천천히 하고 못하는 일은 나중에 합니다
전업으로는 주부를 부업으로는 작가를 희망하고 있습니다

내가 수영장을 다니면서 쓴 이야기 〈스무스〉의 작가소개 문구다. 전업주부를 희망한다고 적어놓아서인지 이따금 곤란할 때가 있다. 흑심을 품고 접근하는 분들 때문에. 게다가 그 흑심은 HB 2B 4B처럼 농도도 다양하다. 아직도 전업주부 하고 싶냐고 결혼은 몇 살쯤에 하고 싶냐고 여자친구는 있냐고 집안일은 진짜 잘하냐 자기는 돈을 잘 번다 집안일 할 남자가 필요하다 퇴근하고 뭐하냐 밥 먹자 수업 끝나고 뭐하냐 술 마시자 따위의 말들. 찾아오는 오디션이라고 봐야 할까. 단지 내 책을 읽거나 내 수업을 들었다 뿐이지, 내가 어떤 사람인지도 모르면서 말이다.

어떤 분들이 올지 모른다는 점, 무서운 사람을 막을 수 없다는 점에서 자주 공포로 다가온다. 개인의 순수한 호기심이라도 그것을 원하지 않는 사람에게는 위험이 된다는 것을 나도 겪어보고야 알게 되었다.

그럼에도 책방에서 일하는 가장 좋은 점은 내 책을 구매해 주시는 분들의 얼굴을 직접 볼 수 있다는 점이다. '어딘가에 있을'이 아니라 '여기에서 만난' 독자분들의 표정이야말로 작가로서 얻는 큰 자산이다. 그러니까 내 이야기를 읽는 동안 사람들이 어떤 얼굴인지, 어떤 인상을 쓰는지 볼 수 있다는 점은, 앞으로 내가 쓰고 싶은 인상적인 글에 영향을 미친다는 말이다.

지난여름의 일이다. 핏이 좋은 하얀색 바지를 입은 분이 책방 문을 열었다. 얼굴을 보니 나의 예전 북토크에 와주었던 오래된 독자분이었다. 당시 스무 살 대학생이었던 그분이 이제 대학교를 졸업하고 책방에 찾아온 것이다. 그사이에도 SNS로는 서로 간간이 응원하고 시청은 했었는데, 몇 년 만에 실제 모습을 마주하니 반가움이 남달랐다. 그 반가움에 그분을 보자마자 내가 서명해 드린 이름이 떠올랐고 그 이름을 불렀다. "어! 작가님 제 이름 기억하시네요!"라는 화답에 나는 이어서 "그때는 새내기였는데 이제는 어엿한 청년같네요!" 하고 감탄했고 그분은 "그럼요~ 저도 이제 사회에 이바지할 수 있다고요!" 하고 씩씩함을 보냈다. 나는 그 씩씩함에 "오~ 그럼 그때도 이 바지 입고 이바지하실 거죠? 깔깔깔" 하며 내 싹싹함을 얹었고 그분은 "작가님~ 여전하시네요~"라며 나를 알아봐 주었다. 나는 내가 그사이 변한 줄 알았고 그것이 단순한 변화가 아니라 일종의 진화인 줄 알았는데 여전하고 말았던 것이다!

사실 이것은 여전함이라기보다는 여전해짐이다. 시간이 쭈욱 흐르는 동안에도 나의 처음이 어디서 흐르기 시작했는지, 어떤 사람과 어떤 일들로 추억의 돌을 쌓아왔는지, 그 돌이 무너진 적이 있었더라도 그때 쌓아 올린 기억을, 그 아슬아슬하고 소중했던 순간을 기억할 줄 안다면 이것은 진화라고 보고 싶다. 그래서 언젠가 내가 전업주부가 되더라도, 때때로 여전해질 속셈으로 이렇게 글로 남겨둔다.

25.
여기 서가 구성의 기준이 있나요?

 책과 필름의 창고. 스토리지북앤필름을 직역해 보면 말이다. 어쩐지 다큐멘터리 제목 같기도 하다. 책방 이름에 창고가 포함되어 있어 좋은 점이 하나 있는데, 다름 아닌 책을 쌓아놓아도 위화감이 없다는 점이다. 우리 책방에 도착한 책들은 장르나 혹은 작가에 따라 분류되기보다 기존에 마련된 분위기에 틈틈이 자리 잡는다. 창고라고는 하지만 쓰임이 끝나서 방치된 물품을 두는 곳이 아니라 새로운 손길을 기다리는 물품을 두고 있다.

 이 창고의 문을 열고 들어온 손님들 중에서 "여기 서가 구성의 기준이 있나요?" 하고 물어오는 분들도 종종 있다. 그 질문에 대한 나의 대꾸는 "기준…은 없고 기분이요. 그날그날 일하는 사람이 다른데 그 사람 기분에 따라 구성이 바뀌는 편이에요."였다. 대답의 내용 자체는 엉성하지만 내 개인적으로는 기준-기분이라는 구성진 라임을 구사했음에 만족하는 답변이다. 어쩌면 이것은 분류의 기준이 명확한 다른 공간에도 해당하는 이야기가 아닐까 싶다. 어느 매장이든 직원의 기분은 공간과 손님에게 이어질 수밖에 없으니 말이다.

 명랑한 기운이 있는 손님에게는 조금 더 명랑한 대답을 한다. "어라? 분명히 있었는데, 오늘은 그 책이 안 보이네요. 이런 날도 있거든요. 아마 여기 근처에 있을 텐데 한번 찾아보실래요?" 하고 말이다. 손님은 본인이 한 번 찾아보겠다며 책방 곳곳을 샅샅이 뒤지기 시작한다. 그러다 원래 찾던 책 이외에도 예상 밖의 발견을 하는 손님도 있고, 아무리 찾아봐도 책이 없다며 아쉬움을 겪는 분들도 있다. 그럴 때는 직원에게 말을 걸어주시라. 우리가 그 책을 꼴 보기 싫어서 숨겨둔 게 아니라 오랫동안 손길을 받지 못해서 잠시 쉬라며 쌓아둔 것이니. 직원은 알고 있다.

재고 관리 문서에는 분명히 책이 있다고 표시되어 있지만 도무지 나오지를 않는 것이다. 그러면 조금 귀찮지만 책방의 모든 곳을 뒤진다. 5평밖에 되지 않으므로 마음만 먹으면 할 수 있다. 대신 이 한 권 찾자고 온 구석을 헤집어놓을 때면 '왜 하필 오늘!' 하면서 현실을 원망한다. 그렇게 어렵게 어렵게 찾은 책을 손님께 드렸을 때, 손님이 곧장 또 다른 한 권을 얘기하면 '아! 노하우라는 것은 속이 터질 때 생기는구나!'라는 깨달음을 얻곤 한다. 이제는 손님이 뭔가 오래된 책을 찾는다 싶으면, 발견이 아니라 발굴을 하러 오셨다는 느낌이 들면 나는 그날의 내 기분은 잠시 꺼두고 "찾으시는 책들 더 있으시면 다 한 번에 볼 수 있을까요?" 하고 여쭤본 후 발굴을 시작한다. 이 구역의 고고학자는 나 하나뿐이라는 생각하면서…

입고 온 치마가 책방 바닥의 먼지를 다 쓸도록 쪼그려 앉아 삼매경에 빠지는 분도 있다. 심지어는 내가 구석구석 찾아보고도 나오지 않아서 "어- 지금은 품절인 것 같네요." 하고 다른 업무를 보는데 "이 책 아니에요?" 하며 찾아오시는 경우도 있었다. "오 대박! 그게 있었네! 어느 쪽에서 찾으셨어요?" 하고 물어본다. 정말이지 주객이 전도된 상황. 이제 곧 이 책의 주인이 될 손님이 주인

의식을 가지고 내게 그 책의 뿌리를 알려주는 역전의 순간.

    이처럼 책방에는 한 번 들어왔다가 손길을 받지 못해 오래된, 책방에서 나이를 먹은 책들이 있다. 그런 책들은 발견의 기쁨을 아는 사람, 그날의 우연과 소박한 만족을 누릴 줄 아는 사람을 통해 빛을 받는다. 그리고 그런 분들이 한 번 다녀가면 책방은 소용돌이가 지나간 듯 책들은 전부 틈틈이 흩어져 있다. 반대로 나의 기분은 흩어지지 않는다. 이 소용돌이의 의미를 알기 때문이다. 정리된 곳을 흩트리는 그런 회전이 아니라, 늦게나마 자신의 소용을 찾게 된 책들의 마지막 흔적이다. 그리하여 나는 책방 곳곳의 흩어진 책들을 챙겨서 벌어진 틈 사이로 다시 꽂는다.

26.
책방 일을 마감하기 2주 전

책방 일을 마무리하고 싶다고 말한 지 열흘이 지났다. 마사장님을 처음 만났을 때가 2014년이고 그때 내가 스물다섯, 사장님이 서른넷이었다. 그리고 곧 내가 서른넷이 된다. 그만둔다는 나의 말에 사장님은 내 어깨를 쓰다듬으며 "그동안 고생했어. 진짜진짜 고생했다."라고 말할 뿐이었다. 그 말은 마치 책을 훑을 때 나오는 바람처럼 내 지난 시절을 훑어서, 나는 시원한 눈물을 흘리고 말았다.

떠나면서 떠오르는 마음들이 있지만 곧장 꺼내서 반듯하게 표현하기보다 속에서 더 일렁이게 놔둘 것이다. 온갖 감정과 이 감정들에 필요한 머뭇거림을 책방에 바치고 싶다.

2022.11.17. 책방 일을 마감하기 2주 전.

나오며
: 스토리지북앤필름 15주년에 부쳐

 책방직원이 아니게 된 지 1년이 조금 넘었다. 그 후로 책방에 간 게 한 달에 한 번은 되려나? 별일이 없다면 책방에 잘 가지 않는다. 〈책방이 싫어질 때〉를 쓰고 나서 정말로 책방이 싫어진 거냐고? 아니다. 솔직하게 말하자면, 책방보다는 책방에서 새로움을 느끼지 못하는 나 자신이 싫어졌다고 해야 맞을 것이다.

 그래, 책방에는 새로움이 있었다. 못 보던 이

야기들과 몰랐던 길들이 있었고 그 속에서 나는 내 청춘의 헛헛함을 달래곤 했었다. 큰길로 가는 게 편하다고 말하는 세상에서, 책방에 놓인 다양한 책들은 꼭 큰길이 아니어도 된다고 귀띔해 주는 골목길들이었다. 골목길로 들어서면 나의 방황도 더 이상 방황이 아닐 수 있었기에, 나는 틈틈이 내 이름의 골목도 만들며 헛헛했던 청춘을 마저 소진하곤 했다.

어쩌면 그런 탓일까. 이제 더는 골목에서 새로움을 느끼지 못하는 사람이 되어버렸다. 큰길이 필요할 때는 큰길로, 골목이 필요할 때는 골목으로 다닐 줄 알게 되었다. 그러면서 길의 종류보다는 길을 오가는 나의 걸음걸이를 중시하는 사람으로 변했다. 한 발 한 발 걷다 보니 단지 내게 남은 것은 어쭙잖은 미안함. 길을 걷다 책방이 있는 골목을 지나칠 때면 책방에서 나를 응시하고 있을 것만 같은 기분이 든다. 요즘은 잘 지내는 거냐고. 헛헛하지 않으면 안 오는 거냐고. 나는 입술을 깨물며 골목의 눈을 피하곤 한다.

언제까지나-라는 표현은 낭만적이다. 그리고 그럴 일은 없을 것이다. 책방이 속한 건물은 오래되어 허물어질 것이며 책방 속의 책들도 빛이 바래고 책장은 서서히 굽어갈 것이다. 그리하여 누군가의 한 시절이 담긴 책방이 영업을 종료한다는 소식이 들릴 것이며 그 소식과 함께 옛 추억도 운영을 멈출 것이다. 그때 그 책방이 아직 문을 열고 있기에 어떤 시절도 되돌아볼 수 있는 거니까. 그런 관점에서 책방 사장님이라는 사람은 그저 공간을 운영하는 사람이 아니라 사람들의 페이지를 지키고 있는 파수꾼일 것이다.

한 달에 한 번쯤 책방에 간다. 그곳에서 나는

사람들이 된다. 좁은 통로에 서서 책을 고르는 사람들. 옆으로 걸으며 또 다른 책을 찾는 사람들. 누워있는 책을 가만히 내려다보는 사람들. 책장에 꽂혀 종일 서 있는 책을 잠시 꺼내주는 사람들. 책표지를 앞뒤로 보면서 첫인상을 살피는 사람들. 책의 양쪽 날개를 펼쳐 그 숨결을 맡는 사람들. 그 모두를 지켜보고 지켜주는 사람이 있다면 아마도 맑은 눈을 가진 사람일 것이다. 그래, 무언가를 지키는 사람의 눈동자는 점점 더 맑아진다는 사실을 한 달에 한 번 책방에서 확인한다.

어쩌면 이미 지나간 페이지일지도 모른다. 한 사람이 작은 책방을 다니던 시절 말이다. 살다 보면 새로운 페이지를 써 내려가고 읽어나가야 하기에, 이미 지나간 페이지를 다시 들출 틈은 없을지도 모른다. 그래서 깨물었던 입술에 침을 바르며 마주하려고 한다. 처음 책방으로 향했던 2014년,

그때부터 써온 책방이라는 앞 페이지가 내가 아직 쓰지 않은 뒷페이지를 지켜준다는 사실을. 나를 읽어준 사람들 모두의 왼손에 그 페이지가 잡혀있다는 사실을. 이 글을 읽는 당신에게도 시절이 담긴 공간이 있는지 궁금해진다. 그 시절을 지켜주는 파수꾼이 있는지도. 그렇다면 당신도 그의 맑은 눈을 지켜줄 수 있는지도.

2024년 1월.

터내서

작가소개

저는 그냥, 설거지할 때 부엌 창문으로 드나드는 바람만 있으면 만족해요.

방충망이 있으면 바람은 더 자세하게 들어오죠.

그런 바람처럼 책방을 다녔어요. 하루하루, 송골송골.

책방이 싫어질 때

책방이 싫어질 때
STORAGE BOOK & FILM series #17

글 **태재**

편집 **오종길, 태재**
일러스트 **타바코북스 기탁**
디자인 **김현경**

펴낸곳 **STORAGE BOOK AND FILM**
홈페이지 **storagebookandfilm.com**
이메일 **juststorage.press@gmail.com**
instagram **@storagebookandfilm**

ISBN **979-11-985604-2-1(02810)**

초판 1쇄 **2024년 6월 26일**

*이 책의 내용의 전부 또는 일부를 재사용하려면
펴낸곳을 통해 저작자의 동의를 받아야 합니다.